JN097506

Q&A 新生徒指導提要 で読み解く

これからの児童生徒の
発達支持

八並光俊・石隈利紀／編著

ぎょうせい

はしがき

　本書は、文部科学省が2022年12月にデジタルテキストとして刊行した『生徒指導提要』（改訂版）の考え方や内容の理解を深めることをねらいとしています。同書は、2010年に刊行された『生徒指導提要』（旧版）の改訂版という位置付けですが、形式的にも内容的にも大きく異なり、新版（以下、本書で「新提要」と略）といっても過言ではないと思っています。

　新提要では、全ての「児童生徒の個性を発見し、よさや可能性を伸ばす」積極的生徒指導が、全ての学校教育の場面で、チーム学校を通して進められることが強調されています。チーム学校の中心には児童生徒がいて、支援チームは教員だけでなくスクールカウンセラー（以下、本書で「SC」）やスクールソーシャルワーカー（以下、本書で「SSW」）、また地域の関係機関等の担当者がメンバーとなります。

　新提要は、今後教員やスクールカウンセラー等の養成・採用・研修段階で、広く活用されると思います。

　そこで、本書では新提要のポイントを質問として設定して、それに対してなるべく端的にわかりやすく回答するQ＆A形式で構成しています。回答者は、新提要の作成に関わられた「生徒指導提要の改訂に関する協力者会議」委員、オブザーバー、協力者会議委員以外の執筆協力者、また、各生徒指導諸課題に精通されている専門家の方々です。

　編集に際しては、改訂に関する協力者会議の座長兼デジタルテキスト作成者の八並と、生徒指導の理論的基盤になる学校心理学を専門とし、協力者会議委員でもある石隈が担当しています。

2023年4月

八並光俊

石隈利紀

はしがき

第1部　新提要からみる新たな生徒指導

第1章　生徒指導の基礎

目　次

第3章　チーム学校による生徒指導体制

1　チーム学校における学校組織

2　生徒指導体制

3　教育相談体制

4　危機管理体制

5　生徒指導に関する法制度等の運用体制

6　学校・家庭・関係機関等との連携・協働

第2部　個別の課題に対応する指導と支援

1　いじめ

第 1 部

新提要からみる
新たな生徒指導

序　章

児童生徒の発達を支持し未来を拓く生徒指導を
12年ぶりに改訂された『生徒指導提要』のポイント

八並光俊

生徒指導の定義と目的を明示

　今回改訂された生徒指導提要では、まず二つの点に着目してほしいと思っています。

　第一に、生徒指導の定義と目的を明示したことです。

　生徒指導の定義は、次の通りです。「生徒指導とは、児童生徒が、社会の中で自分らしく生きることができる存在へと、自発的・主体的に成長や発達する過程を支える教育活動のことである。なお、生徒指導上の課題に対応するために、必要に応じて指導や援助を行う。」と示されました。

　これは、生徒指導が児童生徒の成長や発達をサポートするものであるということ、そしてあくまで主体は児童生徒であるということを明らかにしたわけです。したがって、教職員は、専門的サポーターという立ち位置になります。

　また、生徒指導の目的については、「生徒指導は、児童生徒一人一人の個性の発見とよさや可能性の伸長と社会的資質・能力の発達を支えると同時に、自己の幸福追求と社会に受け入れられる自己実現を支えることを目的とする。」と示されました。この目的達成に向けて、児童生徒一人一人の自己

2

指導能力の獲得が重要となります。自己指導能力とは、「児童生徒が、深い自己理解に基づき、『何をしたいのか』、『何をするべきか』、主体的に問題や課題を発見し、自己の目標を選択・設定して、この目標の達成のため、自発的、自律的、かつ、他者の主体性を尊重しながら、自らの行動を決断し、実行する力」のことです。これらには、児童生徒たちに向けて、自らの力で生きていくために、自己と向き合ってほしいという思いが込められています。

　第二に、2軸3類4層から成る重層的な支援構造を示したことです。新しい生徒指導提要では、課題性の低い方から高い方に向けて、①「発達支持的生徒指導」、②「課題予防的生徒指導」、③「困難課題対応的生徒指導」とし、②については、「課題未然防止教育」と「課題早期発見対応」に分けて重層的に整理しました。

　これを時間軸の観点から、「発達支持的生徒指導」「課題予防的生徒指導：課題未然防止教育」を常態的・先行的（プロアクティブ）な生徒指導、「課題予防的生徒指導：課題早期発見対応」「困難課題対応的生徒指導」を即応的・継続的（リアクティブ）な生徒指導として整理しました。プロアクティブ型生徒指導では、全ての児童生徒を対象とした個性・多様性・人権を尊重した授業・体験活動や問題を起こさない取組を、リアクティブ型生徒指導では、いじめや不登校などの生徒指導の諸課題に関わる児童生徒を対象に機動的かつ継続的に対応できる取組を目指します。

　今後の生徒指導では、国の第4期の教育振興基本計画でも示されるように、発達支持的生徒指導の推進が求められます。換言すれば、諸課題が起きてからどうするかという事後対応的なリアクティブ型生徒指導から、諸課題の未然防止と児童生徒の個性の発見、よさや可能性の伸長を支えるプロアクティブ型生徒指導へのシフトチェンジが重要になると思います。

法の知識が児童生徒と教職員を守る

　さらに、今回の改訂の特色となるのは、法に対する知識と理解を促しているということです。法を知らずしては、児童生徒も教職員自身も守れま

せん。例えば、学校が、いじめ対応の校内研修をしている、いじめ防止基本方針を公開しているといっても、いじめ防止対策推進法について、教職員が確実な知識をもち、法に準拠した対応をしていなければ、問題が起きたときに責任を追及されることになります。

　生徒指導の大事なポイントは危機管理です。児童生徒には安全・安心を保障するとともに、教職員にとっては万が一に備えることが大切なのです。長い教職員生活の中で、誰しもが数度は児童生徒の危機に直面する可能性は高いでしょう。そのときに対応を間違えれば、児童生徒も自分も守れない。そのためには、法に対する知識・理解を持って生徒指導に臨んでほしいと思います。つまり、リーガル・マインドだけでなく、リーガル・ナレッジ（法知識）が大切となります。

授業、キャリア教育と一体となった発達支持的生徒指導を

　生徒指導の最終ゴールは、児童生徒のキャリア実現です。その手立てとして、学習と生徒指導を連動させて、キャリア実現を図ることが大切なポイントとなります。児童生徒が直面する生徒指導上の問題が行き着くところはキャリア・クライシス、すなわち人生の危機ということです。児童生徒自身が、人生を切り開く力を育んでいかなければならない。そこでつまずくことは、その後の人生を描けなくなる恐れがあるのです。だからこそ、プロアクティブな発達支持的生徒指導が求められます。

　生徒指導は、児童生徒一人一人の現在と未来に力点を置いた総合的な発達支援であり、まさに人間教育そのものです。そこで重要になるのが、日々の授業や様々な体験活動です。授業における様々な発見・感動・創造や、特別活動における多彩な体験活動や出会いなど、これらが発達支持的生徒指導につながります。その意味で、授業や体験活動が持つ教育効果をぜひ見失わないでほしいと思っています。

　授業、キャリア教育、生徒指導は連動しており、一体として進められていくものです。授業改善なくして生徒指導はありません。そして、キャリ

ア教育と生徒指導は表裏一体のものなのです。

総合的な児童生徒理解で児童生徒を支援

　児童生徒への具体的なアプローチとしては、総合的な児童生徒理解が大事なポイントとなるでしょう。

　児童生徒自身と家庭に関する個人の実態把握と学級・学年を対象とした環境の実態把握の両面を、複数の教職員で行います。児童生徒に関する広く、深く、多角的な情報が揃うと、当該児童生徒の個性や長所・可能性（自助資源）や課題・改善点がみえてきます。また、いじめや児童虐待などのリスクに対する緊急支援度も整理できます。さらに、学校では支援が難しい場合に、どのような関係機関等にサポーター（援助資源）になってもらえるかも予測がつきます。これが、関係機関を含めた地域との連携・協働の根拠や対応の拠り所となり、発達支持的・課題予防的・困難課題対応的といった様々な局面での対応が可能となります。

　また、学級・ホームルーム経営はこれまで以上に大事になるでしょう。半ば強制的に集団となった児童生徒と教師がお互いに理解し合わなければ生徒指導は難しい。教師も自己を開き、児童生徒が自己存在感を抱き、多様性を受容する風土を育みながら、支持的・信頼的・規範的な学級・ホームルーム集団をつくっていくことが大切です。

　最後に、新生徒指導提要では、学校が地域の中核となって、地域社会総がかりで、児童生徒の発達を支持し、児童生徒自らが未来を拓いていくことを求めているのです。

　（2022年8月27日　第20回早稲田大学教職大学院学校教育学会「新生徒指導提要と学校教育」における講演「リーガル・ナレッジに基づく発達支持的生徒指導の充実」を抄録し、八並が一部加筆修正した。）

第1章

生徒指導の基礎

Q01
今回新たに規定された「生徒指導の定義や目的」とはどのようなものですか。

1　児童生徒主体の定義と目的

　生徒指導とは、何でしょうか。旧版の『生徒指導提要』（文部科学省、2010年）では、生徒指導の意義の冒頭で「生徒指導とは、一人一人の児童生徒の人格を尊重し、個性の伸長を図りながら、社会的資質や行動力を高めることを目指して行われる教育活動のことです。」（p.1）という記述が見られます。また、旧版以前の『生徒指導の手びき』（文部省、1965年）と同書の改訂版である『生徒指導の手引（改訂版）』（文部省、1981年）では、生徒指導の意義の冒頭で、「生徒指導は、学校がその教育目標を達成するための重要な機能の一つである。」（p.1）という記述が見られます。このように、生徒指導の定義という形では、明示されてきませんでした。そこで、今回の新提要では、教育基本法における学校教育の目的や児童（子ども）の権利条約を踏まえて、生徒指導の定義や目的も明示しました。

(1) 生徒指導の定義

　「生徒指導とは、児童生徒が、社会の中で自分らしく生きることができる存在へと、自発的・主体的に成長や発達する過程を支える教育活動のことである。なお、生徒指導上の課題に対応するために、必要に応じて指導や援助を行う。」（新提要p.12）この定義から、生徒指導の主体は、児童生徒であり、教職員は彼らの成長や発達を支える専門的なサポーターだという立ち位置になります。ただし、児童生徒が生徒指導の諸課題に直面した場合は、教職員は指導や援助を行います。

（2）生徒指導の目的

　「生徒指導は、児童生徒一人一人の個性の発見とよさや可能性の伸長と社会的資質・能力の発達を支えると同時に、自己の幸福追求と社会に受け入れられる自己実現を支えることを目的とする。」（新提要p.13）この目的から、生徒指導は、児童生徒の最善の利益を考慮して、一人一人の幸福（well-being）と社会的自己実現を支えるために行われる教育活動だと言えます。また、目的達成においては、児童生徒が「他者の主体性を尊重しながら、自らの行動を決断し、実行する力、すなわち、『自己指導能力』を獲得すること」（新提要p.13）が重要となります。

2　自律性・自主性の重視と多様性の受容

　生徒指導というと、校則指導や問題行動の指導のように、教職員が上から指導する、あるいは、統制するイメージが強くあります。近年のブラック校則問題は、その典型例です。校則は、生徒指導の一部ですが、誰にとっての何のための校則かを、児童生徒が納得できなければ守れません。生徒指導での重点として、以下の2点が挙げられます。

（1）児童生徒の自律性や自主性の重視

　校則のように、学校や先生が決めているから従うという他律的な態度から、校則にはこのような合理的理由があるから自分は守るという規律を内面化した自律的な態度の獲得が重要です。同時に、他者に責任転嫁する、あるいは、安易に他者に同調することなく、自分の意思で決断し、実行していく自主性が大切です。そのためは、日頃の授業や行事、体験活動の際に、目標達成のために何が重要なのか、話し合い活動を通して一人一人が理解をすることが大切です。

（2）児童生徒の多様性の受容

　学級・ホームルームには、学力、発達特性、性的特性、国籍、家庭環境など多様な児童生徒がいます。多様性からいじめや差別が生じないように、教職員は学級・ホームルーム経営に留意する必要があります。（八並光俊）

[1　生徒指導の定義]

Q02
生徒指導を実践するうえで押さえておくべき視点は何ですか。

1　生徒指導の実践上の四つの視点

　生徒指導において、児童生徒の自己指導能力の獲得を支えるためには、日常の授業や学級・ホームルーム経営において、どのようなことに留意することが求められるでしょうか。新提要では、実践上の視点として、以下の4点が示されています。

(1) 自己存在感の感受

　学校生活の中で、児童生徒自身が、「自分も一人の人間として、大切な存在なのだ」という自己存在感を抱くことが大切です。また、「他の友達にも、役立った、認められた」という自己有用感や「ありのままの自分で、よいのだ」という自己肯定感を抱くことも、非常に重要です。

(2) 共感的な人間関係の育成

　学校での児童生徒同士の出会いや、児童生徒と教職員の出会いは、児童生徒が自ら選択できるものではない場合が多いです。そのため、お互いの人間関係は希薄であり、集団としてのまとまり（凝集性）は低いです。こうした状況では、いじめや不登校などが生じやすいです。お互いの違いを認め合い、相手の立場になって考え、行動できる受容的、共感的、支持的な人間関係を創りあげていくことが重要です。

(3) 自己決定の場の提供

　主体的・対話的で深い学び（アクティブ・ラーニング）では、学習テーマに関する調べ学習や友達との議論や協働活動を通して、仮説や方法の選択や結論を自ら決定していきます。また、学級・ホームルーム活動での話

し合いにおいて、自ら考え、選択・決定して自分の意見を述べることや、児童会・生徒会活動での役割やルールの決定も、自らが了解して、責任を持って果たすことは、自己指導能力の獲得にとって重要な経験となります。そのような自己決定の場や活動を、より多く児童生徒に提供することが求められます。

(4) 安全・安心な風土の醸成

　学級・ホームルームが、安全・安心でないと落ち着いて学習活動や学校生活が送れません。具体的には、暴力的ないじめがないこと、嘲笑やあざけり、無視などの心理的ないじめがないことが大切です。また、スクールカーストと呼ばれる児童生徒間の序列化は、共感的な人間関係の形成を阻害します。自由で、創造的な活動を行う上で、安全・安心な学級・ホームルーム風土をつくり上げていくことが大切です。

2　生徒指導の取組上の主な留意点

　現代の生徒指導実践においては、教職員の情熱や経験則だけでは不十分で、事案ごとに関連する法規の確実な知識が求められます。生徒指導にあたっては、教職員の体罰や性暴力等は絶対に許されません。そのため、リーガル・ナレッジ（法知識）の習得とスクール・コンプライアンス（法令遵守）の徹底が、学校や教職員への信用と信頼の基本となります。

　関連法規の理解と並んで重要となるのが、「児童（子ども）の権利に関する条約」の理解です。旧版では、取り上げられていません。日本は、1994年に批准して、効力が生じています。同条約では、①子どもに対する差別の禁止、②子どもの最善の利益を考えること、③子どもの命や生存、発達が保障されること、④子どもは自由に自分の意見を表明する権利を持っていること、という四つの原則が規定されています。2022年に公布されたこども基本法にも、同条約の理念が反映されているので、合わせて同法の理解が必須です。

（八並光俊）

Q03
生徒指導はキャリア教育や教育相談とどのような関連性があるのでしょうか。

1　生徒指導とキャリア教育の有機的な関係

　旧版では、生徒指導とキャリア教育の関連性について言及していません。「生徒指導と進路指導」（旧版p.4）というコラムで、「進路指導と、児童生徒の社会生活における必要な資質や能力をはぐくむという生徒指導は、人格の形成に係る究極的な目的において共通しており、個別具体的な進路指導としての取組は生徒指導面における大きな役割を果たすなど、密接な関係にある。」という記述に留まっています。

(1) キャリア・クライシスとキャリア実現

　いじめや不登校などの生徒指導の諸課題への対応は、児童生徒の現在の学校生活に即して、解決的、継続的に行われます。共通するのは、常に、児童生徒の将来を見据えた対応だということです。例えば、いじめが原因で不登校になる、あるいは、転校を余儀なくされることは、当該児童生徒のまさに人生の危機、すなわちキャリア・クライシスです。したがって、対応においては、現在と近い将来及び卒業時を想定した指導、援助が必要となります。その意味では、生徒指導とキャリア教育は、不即不離の関係にあります。

(2) 共通目標としての社会的自立

　生徒指導もキャリア教育も、児童生徒の社会的自立を共通目標としています。両者共に、児童生徒一人一人の社会的自己実現を支える重要な教育活動です。ただし、後者は職業的自立を目標として含み、生徒指導とは異なる特定の活動として進路指導を含みます。

(3) 生徒指導とキャリア教育の有機的関係

　児童生徒の心や行動の荒れには、勉強が分からないだけでなく、なぜ勉強するのか、学びの意味や生きる意味を見いだせない、将来の見通しや目標が見えない不安や焦りがある場合があります。自己を内省し、生き方を考えるキャリア教育がうまくいくと、生徒指導の諸課題の防止にもつながると言えます。校務分掌上は、生徒指導とキャリア教育は、独立的ですが、実は、両者は相互作用し合う有機的な関係にあります。

2　生徒指導と教育相談の一体化

　教育相談とは、一人一人の児童生徒の教育上の諸課題について、本人や保護者に対して、その解決や対応について助言をする、あるいは、校内のSCやSSWとの連携・協働や校外の関係機関との連携・協働が主な活動と理解されてきました。しかし、新提要では、そうした活動も拡大されています。

(1) 生徒指導と教育相談の包含関係

　従来の生徒指導や教育相談では、校務分掌の実態を反映してか、両者が独立的な関係にあるように捉えられてきました。しかし、新提要では、教育相談は、児童生徒一人一人の個別性と多様性や家庭環境の複雑性に応じた支援を行う生徒指導の中核的活動として捉えられています。したがって、生徒指導が教育相談を包含しています。

(2) 生徒指導と教育相談の一体化

　教育相談は、生徒指導の諸課題が起きてから行われるリアクティブ型生徒指導の主要な活動でした。しかし、新提要では、例えば、コミュニケーション能力の獲得を支える教育プログラムを、生徒指導主事と教育相談コーディネーターが連携・協働して発達支持的生徒指導の一環として特別活動や道徳科で行います。今後の生徒指導では、生徒指導と教育相談の一体的取組によるプロアクティブ型生徒指導の充実が望まれます。

（八並光俊）

[２　生徒指導の構造]

▶

Q04
生徒指導の「２軸３類４層構造」とはどのようなものですか。

◀

1　２軸３類４層構造から成る重層的支援構造

　新提要では、生徒指導を組織的・計画的に実践するためのモデルとして、下図のような２軸３類４層から成る重層的支援構造モデルを提示しました（新提要p.19）。旧版では、全ての児童生徒を対象にした成長や発達を促進する成長を促す指導、一部の児童生徒を対象にした深刻な問題に発展しないように初期段階での解決を図る予防的な指導、深刻な問題を抱えた特定の児童生徒を対象にした課題解決的な指導の３類型が示されていました。

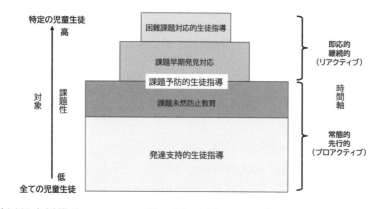

　重層的支援構造モデルの２軸３類４層とは、具体的には次の通りです。
（1）２軸とは、時間軸からの分類で、常態的・先行的なプロアクティブ型生徒指導と即応的・継続的なリアクティブ型生徒指導です。分かりやすく言うと、前者は日常の授業や体験活動を通した「育てる生徒指導」です。また、諸課題を未然に防ぐ未然防止教育も、これに含まれます。後者は、

児童生徒が、諸課題に直面した場合の事後対応的な「直す・関わり続ける生徒指導」です。

(2) 3類とは、課題性の高低からの分類です。発達支持的生徒指導、課題予防的生徒指導、困難課題対応的生徒指導の順番で、生徒指導の課題性は高くなります。

(3) 4層とは、児童生徒の対象範囲からの分類です。全ての児童生徒を対象とした「発達支持的生徒指導（1層）」と「課題予防的生徒指導〔課題未然防止教育〕（2層）」、諸課題の初期状態にある一部の児童生徒を対象とした「課題予防的生徒指導〔課題早期発見対応〕（3層）」、諸課題を抱えている特定の児童生徒を対象とした「困難課題対応的生徒指導（4層）」です。

2 支柱は児童生徒理解と学級・ホームルーム経営

重層的支援構造に基づく生徒指導を展開する上で、児童生徒理解（アセスメント）と学級・ホームルーム経営が支柱となります。

(1) 個と環境からの総合的な児童生徒理解

生徒指導が個別最適化されるためには、児童生徒一人一人の学習面、心理・社会面、進路面、健康面の状態を把握するだけでなく、彼らを取り巻く学級・ホームルーム、学年、学校環境、家庭環境、地域環境などの環境面の実態把握が必要です。言い換えれば、総合的な児童生徒理解が全ての生徒指導の成否の鍵になります。

(2) 支持的・信頼的・規範的な学級・ホームルーム経営

生徒指導の環境的基盤は、いじめや差別のない安全・安心が保障された支持的・信頼的・規範的な学級・ホームルーム集団です。スクールカーストと呼ばれる児童生徒の間の序列化やスマホを使ったSNSでの教職員の眼が行き届かない人間関係も、児童生徒のストレスや脅威になっています。他方、教職員と児童生徒の信頼的な人間関係づくりが重要です。

（八並光俊）

Q05
「発達支持的生徒指導」とはどのようなものですか。

1　発達支持的生徒指導とは

　全ての児童生徒を対象としたプロアクティブな生徒指導には、発達支持的生徒指導と課題未然防止教育があります。発達支持的生徒指導は、全ての児童生徒を対象に、学校の教育目標の実現に向けて、展開されていく生徒指導です。教育課程の内外の、全ての教育活動において進められる生徒指導の基盤となるものです。発達支持的というのは、児童生徒の発達を支えるという意味です。一人一人の児童生徒が自分のよさを発揮しながら、自立に向けて発達することを支持し、そして支援することが生徒指導の基本的な態度です。

　教師や保護者に限らず大人は児童生徒に「このような力をつけたい」、「これからの時代はこんな力が必要だ」という願いを持ちがちです。しかしこれは、あくまでも大人の願いです。児童生徒が自発的に、主体的に自らを発達できるように支援していくという態度が重要です。児童生徒が、自分の良さを発揮し、発達していくことで、他者と協力しながらその後の人生を切り開いていくことができるようになると考えます。つまり、個人の発達は、社会性の発達とも密接に関連します。

2　展開の方法

　発達支持的生徒指導はどのように展開したらよいのでしょうか。ここでは、(1) 児童生徒理解、(2) 展開のポイント、(3) 留意点の三つの点から

解説します。

(1)　児童生徒理解

　発達支持的生徒指導は生徒指導の基本的な考え方です。その基本が、児童生徒理解となります。児童生徒の理解は、心理面のみならず、学習面、社会面、健康面、進路面、家庭面から総合的に理解することが大切です。的確な児童生徒理解を行うためには、児童生徒、教職員と保護者の相互理解が不可欠です。生徒指導の対象となる児童生徒の集団(学級・ホームルームや学年)を理解することが大切です。児童生徒理解のポイントは日常的な児童生徒とのちょっとした関わりの機会を逃さないことです。日常的な関わりには、挨拶、教室や授業、休憩、掃除の時間などの声かけ、授業や学校行事などの対話が含まれます。児童生徒を観察し、時に関わりながら、児童生徒のよさや可能性について観察することが大切です。

(2)　展開のポイント

　発達支持的生徒指導の特色を活かした教育実践を学校で展開していくことが求められます。例えば、いじめ予防であれば、ルールを守る必要性や、そもそも、第13章で取り上げられている多様な背景の人を受け入れる態度の育成が大事なポイントです。こうした関わりを教師はあらゆる場面で展開していくことが求められます。社会科や道徳、英語などの授業、教室での児童生徒との関わり、掃除や給食、課外活動の時間を含みます。

(3)　留意点

　発達支持的生徒指導は、生徒指導の土台となる活動です。そのためには、管理職を中心とした学校の教職員が、自らの教育的な関わりを計画的に遂行する必要があります。当然、生徒指導の基礎となるものですから、学校状況について、多角的・多面的でかつ客観的な資料を収集することが必要です。生徒指導主事、教育相談コーディネーター、特別支援教育コーディネーター、養護教諭、SC、SSWなどの立場の人の意見を聞いていく必要があります。そして絶えず、学校全体及び児童生徒の様子を観察し、学校の生徒指導体制について振り返っていく視点が重要となります。

(水野治久)

Q06
「課題予防的生徒指導：課題未然防止教育」とはどのようなものですか。

1　課題予防的生徒指導：課題未然防止教育とは

　課題未然防止教育は、学校に在籍している全ての児童生徒を対象とし、児童生徒が将来、直面するであろう課題を先取りし、予防することを目的としています。対象は全ての児童生徒です。学校、学年、学級の児童生徒の状態をよく見ながら課題未然防止教育を展開することが鍵です。ここでは、いじめ防止教育、自殺予防教育、薬物乱用防止教育、情報モラル教育、非行防止教育を例に挙げて解説していきます。

2　課題未然防止教育の具体例

　いじめ防止は、安心・安全の教育環境の実現、人権意識の醸成の上ではとても大事なことです。いじめ防止は加害をやめさせることが基本です。しかし、いじめには、加害者、被害者のほかに、聴衆や傍観者がいます。ですから、いじめを見たときに、どのように対処したらよいかを考えることもポイントです。いじめを防ぐためには、傍観者の中からいじめの仲裁をする「仲裁者」や、いじめがあったことを教職員に伝える「相談者」がいることが前提です。しかし、児童生徒にとって、いじめを仲裁したり、教師に相談することは、簡単ではありません。児童生徒は、「学校に相談したら余計にいじめが深刻化するのではないか」といった懸念を抱きやすいです。こうしたことを念頭に置きながら教育をすることが大切です。いじめ防止教育の内容の検討には、学校いじめ防止基本方針と照らし合わせ、

それにそって行うとよいでしょう。最近では、いじめについての電話相談、SNS相談があります。そういった相談先を児童生徒に紹介することも大事なポイントになります。

　学校生活の中で、一人で解決できない問題や課題に遭遇したときに、適切な相手に相談できる力を育むことはとても大事です。これは「SOSの出し方教育」と呼ばれ、自殺予防教育の中核です。助けを求めるときの抵抗感を減らすことで、援助希求態度を肯定的に変化できます。SOSの出し方教育を展開するときのキーパーソンは、養護教諭、SCです。同時に相談しやすい環境づくりも大事です。

　薬物乱用防止教育は、飲酒、喫煙防止とならんで、学校において展開されることが期待されています。これらは、学習指導要領に基づき小学校の体育科、中学校及び高等学校の保健体育科で取り組まれることになっています。授業担当教師と連携し教育を展開することが鍵です。薬物乱用は、自身の健康を著しく阻害するだけなく、家族や友人などの人間関係にも悪影響を及ぼすことの理解が必要です。薬物乱用には、高いストレスや孤独感などが影響していると指摘されています。こうした、状況に上手に対処する教育も同時に必要です。

　次に非行防止教育があります。非行防止教育は万引きの防止や性的逸脱行動の防止などが含まれます。警察署・少年サポートセンター、法務省・検察庁・少年鑑別所（法務少年支援センター）、少年院・保護観察所の職員、保護司と連携をすることが可能です。また、SCと連携し、アンガーマネジメント教育の実施も検討すべきです。

　最後に、情報モラル教育も多様な展開が期待されます。SNSへの投稿、パスワードの漏洩による被害、意図せずホームページにアクセスし被害に合うケースもあります。情報機器は日進月歩です。児童生徒とよく意見交換しながら展開しましょう。また、スマートフォンやタブレットなどは自宅で使用することも多いことから、保護者と連携しながら、どのようにインターネットと上手に付き合うか考えてもらうことも一案です。

（水野治久）

Q07
「課題予防的生徒指導：課題早期発見対応」とはどのようなものですか。

1　課題予防的生徒指導：課題早期発見対応とは

　課題予防的生徒指導は、児童生徒の課題を未然に防ぐことを目的としています。そこには、(1) 課題未然防止教育と (2) 課題早期発見対応の二つに分類されます。ここでは、「課題早期発見対応」について解説します。

　課題早期発見対応は、課題の予兆が見られたり、問題行動のリスクがある一部の児童生徒を対象に、早期に予防的に対応することです。ですから、対応の対象は、気になる児童生徒です。個別的な対応が基本となります。

　課題予防的生徒指導の課題未然防止教育と課題早期発見対応の違いは、課題未然防止教育がどちらかと言えば集団を対象に常態的・先行的（プロアクティブ）に行うのに対して、課題早期発見対応は、個別対応で、即応的・継続的（リアクティブ）な生徒指導であると言えます。

2　展開の方法

(1) 課題の発見

　まず、課題を早期に発見するという視点が大事です。問題行動や生徒指導事象につながる課題の予兆とはどのようなことでしょうか。一つは児童生徒の行動を見ながら把握する方法です。遅刻、欠席、成績の急落、落ち着かない態度、保健室への来室の増加、担任やその他の教師、SCへの来談などが考えられます。

　もう一つは、アンケートや健康調査といったスクリーニングによって把

握する方法があります。とくに、昨今、いじめの被害の把握を行うため学校では、アンケートを実施する機会があります。こうした項目を一つ一つ丁寧に精査していくことで児童生徒の課題を事前に把握することが可能です。また、アンケートの回答を拒否しているケースも見逃せません。児童生徒が経験している課題に向き合うことを求められるアンケートへ回答することができないという状況があるわけです。

(2) 課題への早期介入

　課題を有する児童生徒を特定したら、問題の予防を視野に入れて、介入を開始します。方法は、児童生徒との面談です。しかし、児童生徒が必ずしも援助要請をしたがらないケースもあることを想定しなければなりません。特に、学級・ホームルームの人間関係が背後にあるいじめなどが想定される場合は、児童生徒との面会は慎重に行う必要があります。掃除の時間や休み時間などに、心配していることを伝え、「話をしたい」と当該の児童生徒に伝える必要があります。保健室に来室しているのであれば、養護教諭との連携の中で、当該の児童生徒の状況について把握できる可能性があります。また、保護者との連携を進めることも可能です。大事なことは、児童生徒が長期的に支援を受けられるように配慮することです。

(3) 現実な課題場面で支援

　一方、児童生徒が別の課題を打ち明けることがあります。例えば、友人との人間関係に悩んでいる可能性があるのに、学習面の悩みを相談することがあります。この場合、まずは、学習面の悩みを理解します。そして、こうした共感的な態度が、児童生徒に安心感を与え、人間関係の相談につながる可能性があります。ただし、いじめや虐待の被害は、緊急性がありますから、被害の有無を確認する必要があります。

　また、連続する遅刻は、不登校の予兆として捉えるべきではありますが、児童生徒本人は、なぜ学校に足が向いていないのか理解ができない場合もあります。ですから、現実場面で支援しながら、他の教師、養護教諭、SCとの連携により課題を早期に発見することが大事です。

（水野治久）

Q08
「困難課題対応的生徒指導」とはどのようなものですか。

1　困難課題対応的生徒指導の特色

　困難課題対応的生徒指導とは、現在、特別な指導・援助が必要な特定の児童生徒を対象に行う生徒指導のことです。児童生徒が個性を大切にして、周りの援助資源を活用して、自分のよさや可能性を伸ばしながら発達を支援します。いじめ被害、加害、不登校、非行などの問題行動、児童虐待の被害などへの対応がその例として考えられます。課題対応的生徒指導は、特定の児童生徒を対象とし、課題に対応するリアクティブで継続的支援であると言えます。

2　展開の方法

(1) チーム支援で取り組む

　校内の教職員、担任、学年主任だけでなく、養護教諭、特別支援教育コーディネーター、SC、SSWなどの職員との支援チーム会議が必要です。加えて、課題状況に応じて、教育委員会、教育サポートセンター、警察、児童相談所、NPO等の関係機関との連携・協働により援助を提供していく必要があります。つまり困難課題対応的生徒指導は、ネットワーク型支援チームの編成と対応が、鍵を握ります。

　大事なことは、どの範囲でチームを組むか、いつどのように会議を展開するかといったことを決めておく必要があります。支援チームで何を、どこまで話し合うかを決めておくことがポイントです。

(2) 児童生徒の背景を分析する

　困難課題対応的生徒指導にとっては、児童生徒の背景を含めた理解が大事です。それは、現在の課題を生み出している要因の分析と捉えることもできますが、同時に、困難課題対応でのヒントになると考えます。例えば、不登校から、深夜徘徊をする中学生の生徒の分析をする際に、背後にある学習の遅れの把握も重要です。学習障害の可能性を疑うことで、学習面から支援につなげることができる可能性があります。もちろん、深夜徘徊を可能にさせる保護者の保護能力の低下、家庭内の葛藤が存在することもあります。児童相談所との連携は、当該の生徒の支援に役立ちます。

(3) 個別の支援計画を考える

　困難課題対応的生徒指導の児童生徒の指導・援助は、チーム支援で行う必要性は述べましたが、具体的な指導・支援案を個別の支援計画としてまとめることが大事です。例えば、家庭訪問を行うプランであれば、当該の児童生徒と面会できる時間帯、そして、保護者と連携できるタイミングを選ぶ必要があります。誰が家庭訪問をどの程度行うかについても決めておく必要があります。

　また、いじめの被害を訴えている児童生徒に会議室や保健室で過ごしてもらいながら学習支援を行うことがあります。この場合、どの時間をどの程度、抽出するのか、当該の児童生徒への説明、保護者への説明、そして、学級・ホームルームの他の児童生徒には、説明をするのか、説明をしないのかといったことも含めて検討する必要があります。

　危機的状況にある児童生徒については、リスクのアセスメントも必要です。もちろん、自死のリスクがあれば緊急支援の段階に入ります。

(4) 支援の実施とフォローアップ

　個別の支援計画を考えたら、支援を実施、効果を確認します。そしてチーム支援会議で検討し、個別の支援計画を洗練させていきます。支援計画は、児童生徒本人、保護者とも共有することが大事です。

（水野治久）

［3　生徒指導の方法］

Q09
児童生徒理解を図るにはどのような取組が必要ですか。

1　児童生徒理解の実際

　児童生徒理解では「児童生徒を心理面のみならず、学習面、社会面、健康面、進路面、家庭面から総合的に理解していく」(新提要p.24)ことが求められます。それでは、具体的に児童生徒理解の実際は、どのようなものでしょうか。観察法(例、行動観察)や面接法(例、教育相談としての個別面接)、調査法(例、生活アンケート)、検査法(例、性格検査、知能検査)など、様々な方法が学校、時に関係機関とも連携して実施されています。これらの方法は、身体的、心理的及び社会的側面といった主に三つの観点から児童生徒を理解する生物・心理・社会モデル(Bio-Psycho-Social Model)に依拠しています。

　児童生徒理解は、学級・ホームルーム担任や学年主任、生徒指導主事、養護教諭、教育相談コーディネーター、特別支援教育コーディネーター、管理職といった教職員によるものをはじめ、SCやSSWといった教職員とは異なる専門職によるもの、ケースによっては児童相談所、病院といった学校外の専門機関によるものなど、専門を異にする者同士で複眼的に行う必要があります。また、専門にとらわれず保護者や地域の情報も重要です。

　教師が行う児童生徒理解の代表的なものは、観察法に基づくものです。特に学級・ホームルーム担任は、日常的に児童生徒との接点があることから、出欠席や学業の進捗、健康状態、行動、態度、考え方、価値観、保護者のことなどを把握できる立場にあります。特に、行動観察では、ある環境においてのみ児童生徒に特異な行動が表出される場合、その環境刺激と

行動を丁寧に観察して記録する行動科学の知識も大切になります。教師が行う観察法は、児童生徒理解において有益な情報を提供するものです。

　また、生活状況やいじめの被害・加害に関することなど、質問紙を活用した調査法は、ほぼ全ての学校で実施されています。

　最近では、GIGAスクール構想のもとで、小中学校では一人一台情報端末が配布されるとともに、校内無線LAN環境も整備されました。それにともない、紙媒体で調査を実施していた学校がオンライン調査に切り替えている事例も増えています。教師による観察法に依拠した児童生徒の情報もオンライン上にて収集し、さらに、校務系と学習系のデータを連携し、児童生徒のパフォーマンスを多面的にオンライン上のダッシュボードで、成績や各種調査結果をグラフや図などを用いて一望できるように可視化して、生徒指導に生かしている自治体も出てきています。

2　児童生徒理解の留意点

　児童生徒理解は、教師一人で完結できるものではありません。これまでの研究から、児童生徒理解の妨げとなる教師側の要因が明らかになっています。例えば、教師の期待が児童生徒の学業等へ影響を与えること、つまり、児童生徒の可能性を信じ、励まし、温かい雰囲気の中で、発達段階や発達特性を考慮し、高い要求をすること、課題を乗り越えさせることで児童生徒は伸び行くことができます。逆に、教師側に、ステレオタイプなものの見方や偏見があり、児童生徒の可能性や能力を低く見積もった対応をすれば、当然それは児童生徒に伝わり、児童生徒の能力は十分に磨かれません。

　対人援助職である教師は自分自身の価値観や考え方の偏りに対して、自覚的である必要があります。しかしながら、教師一人だけでは、それを担保することは難しいため、学校の教職員間で同僚性を育み、それぞれの役割や専門性に応じて、多面的な児童生徒理解を組織的に行っていく必要があります。

（宮古紀宏）

［4　生徒指導の基盤］

Q10
生徒指導を支える基盤はどのようなものですか。

1　学校風土と教職員集団の同僚性

　生徒指導を支える基盤は、良好な学校風土にあります。良好な学校風土が形成されることで、児童生徒に学校への愛着や帰属意識を育むことができます。良好な学校風土は児童生徒の学力や社会性、情緒の発達、進学や就業への準備等に肯定的な影響を与えます。

　この学校風土には、教職員集団の同僚性が影響していることが示唆されています（国立教育政策研究所、2022）。教職員集団の年齢構成も自治体によっては歪みが見られ、正規・非正規の立場を問わず、様々な「思いやりのある大人」が学校を支える必要性が生じています。そのような中で、学校の生徒指導を充実・改善させるために、教職員同士で教え合い、学び合う、そして、支え合い、助け合う組織風土の形成が求められています。

　学校の業務が肥大し、教職員が多忙化する中で、バーンアウトを防ぎ、メンタルヘルスを良好に維持することが課題となっています。そのためには、学校の働き方改革を推進することも重要ですが、学校において、教職員一人一人が同僚から温かみや思いやりをもって一人の人間として尊重される必要があります。教職員同士がお互いに教え合い、学び合う、また、支え合い、助け合うといった文化風土を学校に根付かせるために、管理職は明確にそのような規範の大切さを明言し、教職員間にそのような行為が見られたら賞賛することが大切です。教職員自身が管理職や同僚からケアされていないと感じていれば、良質な生徒指導を児童生徒に提供することは困難と言えるでしょう。さらに、教職員一人一人においても自分のスト

レス状態等をできる限り客観的に振り返り、セルフ・モニタリングし、一人で抱え込まずに適切に支援を求める姿勢を身に付けることも重要です。

2　地域で行う生徒指導マネジメント

　チーム学校による多職種が協働する生徒指導が要請される中、生徒指導情報に基づき、質の高いPDCAサイクルによるマネジメントを行うことは、教職員集団の同僚性を育み、児童生徒の情報共有、ビジョンの形成と学校の課題の共有、リフレクションの文化の形成などに有効です。PDCAサイクルの推進に当たっては、管理職のリーダーシップの下で、学校や家庭、地域の実態に基づき生徒指導に関する明確なビジョンを提示すること、生徒指導のモニタリングと確実な情報共有を行うこと、学校と保護者、地域の相互理解を促進することが留意点に挙げられます。

　そのため、学校は、PDCAサイクルによるマネジメントを行う上で、保護者や地域の企業、民間団体等とのパートナーシップを築き、生徒指導の方針・基準の明確化、具体化や点検のプロセスにおいて、家庭や地域の参画を促進していくことが求められます。

　現代の生徒指導には、地域の多様な力が必要です。学校と地域との連携・協働として、コミュニティ・スクール（学校運営協議会制度）と地域学校協働活動の一体的な取組による「学校を核とした地域づくり」が挙げられます。児童生徒の発達を支えるために、学校と地域に存在する社会資源をそれぞれ緩やかに結び付け、総合化・ネットワーク化していく取組が進められています。このような取組は、学校の学びを、地域での体験活動や実践活動を通して、現実社会と接続させ、社会に開かれた教育課程を実現していく上で、重要な連携・協働の在り方と言えるでしょう。　　（宮古紀宏）

[参考文献]
• 国立教育政策研究所生徒指導・進路指導研究センター『「生徒指導上の諸課題に対する実効的な学校の指導体制の構築に関する総合的調査研究（令和元年度調査）」中間報告書』2022年

Q11
児童生徒の権利とはどのようなものですか。

1　児童の権利に関する条約の四つの原則

　新提要では、児童生徒が主語となり、生徒指導の定義がなされています。児童生徒自身が、社会の中で自分らしく生きることができる存在へと自ら個性を開花させていくとともに、社会的資質・能力といった社会性を発達させていく一主体として、位置付けられています。そして、教職員は、その成長や発達を「支える」存在とされています。

　支援者側である教職員には、生徒指導を適切に行うために、児童生徒が人権及び人格を有する一主体であるという認識を欠くことはできません。児童生徒の人権や人格を尊重して生徒指導を行うことは、かねてから重視されてきたことですが、新提要では児童の権利に関する条約の4原則が生徒指導の取組上の留意点として明記されています。

　「児童の権利に関する条約」とは、児童（18歳未満の全ての者）の権利について定めた国際人権条約であり、1989年11月に第44回国連総会において採択されました。日本は1990年9月に署名し、1994年4月に批准することで、条約の効力が発生することとなりました。

　「児童の権利に関する条約」の4原則とは、以下です。

①差別の禁止（第2条）

　児童生徒にいかなる差別もしないこと。

②児童の最善の利益（第3条）

　児童生徒にとって最もよいことを第一に考えること。

③生命・生存・発達に対する権利（第6条）

児童生徒の命や生存、発達が保障されること。

④意見を表明する権利（第12条）

　児童生徒は自由に自分の意見を表明する権利を持っていること。

　生徒指導は、児童生徒が社会的に自立できるように、考え方や態度、行動等の人間形成に関わる学校教育の機能です。それゆえに、支援者である教職員の児童生徒観や教育観にも影響を受けるものと言えます。生徒指導が機能するためには、教職員が自分自身の考え方や価値観の偏りを理解し、独善的な生徒指導とならないように、教職員間で同僚性を育み、定期・非定期による教職員間による点検、振り返りをすること、そして、生徒指導が児童生徒にとって安心と安全を保障するものであり、差別的なものとならず、児童生徒の意見を傾聴して、その最善の利益を探求していくものであることが求められます。

2　こども基本法の成立

　2022年6月にこども基本法が公布され、2023年4月から施行されています。

　こどもに関する施策は、これまで各法律に基づき、国の関係省庁や地方自治体においてそれぞれ進められてきました。2023年4月にこども家庭庁が設置され、今後、こどもに関する施策や取組を講ずるに当たり、こども基本法の基本理念や策定が予定されているこども大綱のもとで、社会全体で推進していくことが目指されています。

　こども基本法は、日本国憲法と先に述べた児童の権利に関する条約の精神に則っています。こども施策の目的には、「次代の社会を担う全てのこどもが、生涯にわたる人格形成の基礎を築き、自立した個人としてひとしく健やかに成長することができ、心身の状況、置かれている環境等にかかわらず、その権利の擁護が図られ、将来にわたって幸福な生活を送ることができる社会の実現」（第1条）が掲げられています。

（宮古紀宏）

[5　生徒指導の取組上の留意点]

Q12
生徒指導にICTはどのように活用できますか。

1　教育の基盤的ツールの一つとしてのICT
個別最適な学びと協働的な学びの一体的な充実

　2021年3月に中央教育審議会より「『令和の日本型学校教育』の構築を目指して〜全ての子供たちの可能性を引き出す、個別最適な学びと、協働的な学びの実現〜」が答申されました。この答申で、ICTは今後の学校教育の基盤的なツールと述べられています。

　GIGAスクール構想のもとで、小中学校には一人一台の情報端末が配布され（2023年度より高校も段階的に配布）、校内無線LANなど、通信ネットワークの整備がなされました。日本では2020年に入り、新型コロナウイルス感染症が登場・拡大し、学校や教育委員会は臨時休校等の措置をとらざるをえない事態となり、児童生徒の学習をいかに保障し、継続させることができるかといった課題に直面しました。そのような社会情勢の中で、GIGAスクール構想は前倒しで実施されましたが、学校教育におけるICTの利用の意義は、もちろん感染症の登場・拡大や災害等の非常時における教育の保障にとどまるものではありません。

　現在、国を挙げてICTを利用した個別最適な学びと協働的な学びの一体的な充実が目指されています。これからの我々は、AI（人工知能）やIoT（モノのインターネット）、ビッグデータ、ロボティクスなどを特色とするSociety 5.0（超スマート社会）といわれる加速度的に進行する情報化社会を生きることになります。2017年から2019年に順を追って公示された学習指導要領では、情報モラルを含む情報活用能力が、言語能力、問題発見・

解決能力等とともに学習の基盤となる資質・能力と位置付けられました。このことからも、これからの生徒指導は、教育の情報化、つまり、情報教育に資することや、学習指導におけるICTの利用、校務の情報化の利点を生かしていくことが求められます。

2　ICTと生徒指導

　ICTを活用することにより、児童生徒理解が深まる可能性があります。GIGAスクール構想で配布された情報端末等を児童生徒が日常的に使用することで、「学習履歴（スタディ・ログ）」（個人ごとの学習等に関する記録やデータの総称（例：学習記録、成果物の記録、成績・評価情報等））をはじめとする様々な学習系データを収集することができます。また、教職員が管理する校務系データ（出欠情報、健康診断情報、保健室利用情報、テスト結果、成績情報等）もあります。一部の教育委員会では、学習系と校務系それぞれの教育データを連携させるなどして、ダッシュボード等の学習成果を可視化するツールを学校に提供しています。それにより、学校は、可視化された教育データの情報を活用して、教職員全体で情報共有しながら、生徒指導と学習指導の双方において、きめ細かな支援を行っています。

　また、遠隔・オンライン教育の充実は、不登校児童生徒や外国にルーツを有する児童生徒、発達に偏りのある児童生徒等、特別な配慮を有する児童生徒への教育の一部を代替する多様な学びの場の一つとなりえます。また、少子高齢化や過疎化が進行する日本において地理的要因や地域事情等に関わらず学校教育の一部を提供することにもつながります。

　このように、ICTの活用によって生徒指導の一層の充実が期待されるところですが、ICTの活用自体が目的ではなく、それはあくまで生徒指導や学習指導の充実のための一手段に過ぎないことには注意が必要です。また、収集される児童生徒の情報等の保護やその取扱いについて、教育委員会と学校でルール（例、情報セキュリティポリシー）を設けて、保護者や児童生徒に説明するとともに、理解を得ることが大切です。　　　　（宮古紀宏）

第2章

生徒指導と教育課程

Q13
学習指導要領が示す生徒指導の視点はどのようなものですか。

1　学習指導要領に新設された「児童生徒の発達の支援」

　学習指導要領にその目標を達成することができるようにするために、「児童・生徒の発達の支援」の視点の重要性が示されました。総則に示された「児童生徒の発達の支援」は、生徒指導の定義や目的に示されている発達を支える内容と同じものを含んでいます。すなわち、教育課程の編成や実施の中で、生徒指導と教育課程、生徒指導と授業（学習指導）が一体となって行われることが求められているということです。

2　特別な配慮を必要とする児童生徒への対応

　小学校・中学校・高等学校の『学習指導要領総則』の「2　特別な配慮を必要とする児童生徒への指導」の中で、次の三つが示されています。
①障害のある児童生徒などへの指導
②海外から帰国した時と児童生徒などの学校生活への適応や、日本語の習得に困難のある児童に対する日本語指導
③不登校児童生徒への配慮
　こうした特別な配慮を必要とする児童生徒に生徒指導は、課題予防的生徒指導：早期発見対応や困難課題対応的生徒指導にあたります。新提要「第Ⅱ部」には、児童生徒の課題の理解と対応について示されています。
　法律の知識を踏まえ、課題の未然防止・早期発見・対応をしっかりと行う必要があります。

3　児童生徒の発達を支える指導の充実の内容

　『学習指導要領解説　総則編』に児童生徒の発達を支える指導の充実として、次の4点が示されています。この視点に立った生徒指導の実践が求められます。

(1) 学級経営・ホームルーム経営の充実

　学級経営・ホームルーム経営の充実は、生徒指導の基盤になります。教員と児童生徒との信頼関係及び児童相互のよりよい人間関係を育てるため、全ての児童生徒への発達支持的生徒指導が必須となります。さらに教職員は主に集団の場面で行う指導や援助（ガイダンス）、一人一人の児童生徒の発達の実態やニーズに応じる指導や援助（カウンセリング）の双方を実践して、児童生徒の発達を支援します。

(2) 生徒指導の充実

　学習面、心理・社会面、進路面、健康面及び家庭面の様子から、児童生徒の発達について児童生徒理解を深めることが重要です。そして学習指導と関連付けながら、生徒指導の充実を図ることが、児童生徒の発達の支援につながります。

(3) キャリア教育の充実

　児童生徒が、社会的・職業的自立に向けて、必要な基盤となる資質・能力を身に付けていくことを目指すキャリア教育の充実は、児童生徒の発達の支援に密接に関係します。

(4) 個に応じた指導の充実

　児童生徒一人一人の能力・適性、興味・関心に応じて、学習の個性化を促進させることは、生徒指導にもあてはまります。教師が個々の児童生徒の特性等を十分理解し、それに応じた指導の工夫改善により、個に応じた生徒指導を充実させたいと思います。

（岡田　弘）

[1　児童生徒の発達を支える教育課程]

Q14
日本型学校教育の特徴を生かした学習指導と生徒指導の充実をどのように図ればよいですか。

　集団指導と個別指導により、常態的・先行的（プロアクティブ）な生徒指導を行うこと、すなわち、発達支持的生徒指導を実践することによって、生徒指導の目的を達成するように行うことです。児童生徒の自己実現や生徒指導上の課題の未然防止を図る積極的生徒指導を実施します。

1　学習指導と一体となった生徒指導

　学習指導を担う教師が同時に生徒指導の主たる担い手になるということが日本型学校教育の特徴です。この特徴を最大限に発揮させた生徒指導を行います。すなわち、学習指導と生徒指導が一体となって行われることです。そのために、全ての児童生徒を対象にした発達支持的生徒指導を行うことです。これまでの生徒指導のように、個別の問題行動等への対応といった課題早期発見対応及び困難課題対応生徒指導にとどまることなく、成長を支える積極的な生徒指導である発達支持的生徒指導の考え方を生かすことが不可欠となります。授業や体験活動の中で行われる自己理解や他者理解を通して自己肯定感を高める活動を行います。この活動は、意図的・計画的にプログラムして行います。このようにして、学習指導と生徒指導が一体となって行われることにより、全ての児童生徒を対象とした発達支持的生徒指導が行われることになります。

2　キャリア教育と一体になった生徒指導

　生徒指導と同様に、児童生徒の社会的自己実現を支える活動としてキャリア教育があります。生徒指導を進める上で、両者の相互作用を理解して、キャリア教育と一体となった取組を行うことが大切です。

　中学校・高等学校学習指導要領では、進路指導はキャリア教育の中に包含されています。「いじめや暴力行為などの生徒指導上の課題への対応においては、児童生徒の反省だけでは再発防止力は弱く、自他の人生への影響を考えること、自己の生き方を見つめること、自己の内面の変化を振り返ること及び将来の夢や進路目標を明確にすることが重要です。」（新提要 p.16）このように、これからの生徒指導は、キャリア教育と一体となった取組を行うことが求められます。

3　教育相談と生徒指導

　教育相談は、生徒指導の一環として位置付けられるものであり、その中心的役割を担うものです。教育相談の特質とは、個別性・多様性・複雑性に対応することです。教育相談は、主に個に焦点を当て、面接やエクササイズ（演習）を通して、個の内面の変容を図ることを目指しています。教育相談の中で行われるカウンセリングは、言語的及び非言語的コミュニケーションを通して、児童生徒自身が行動変容するために、教職員と児童生徒の人間関係の中で行われます。児童生徒の個々の発達課題を通して、自己実現が図られるようになるために行われます。したがって、カウンセリングは、児童生徒の行動変容がなされないと終結となりません。

　ここでのカウンセリングで大切なことは、児童生徒を治そうとしないで、分かろうとすることです。カウンセリングでは、自分のことが分かる程度にしか相手のことは分からないと言われています。カウンセリングを通してなされる児童生徒理解が、教育の根底ともなります。　　　　　　（岡田　弘）

Q15
学級・ホームルーム経営はどのように充実させるべきでしょうか。

1　学級・ホームルーム経営の重要性

　学級・ホームルームは、学校生活の基盤となるものです。生徒指導を行う中核的な場所でもあります。学級・ホームルーム活動の内容は、「(1)学級・ホームルームや学校における生活づくりへの参画、(2)日常の生活や学習への適応と自己の成長及び健康安全、(3)一人一人のキャリア形成と自己実現」(新提要p.61)の三つです。こうした活動を通して、学級・ホームルーム活動及び生徒指導は、「児童生徒が自らの課題を見いだし、それを改善しようとするなどの自己指導能力の獲得を目指し、児童生徒一人一人の人格形成を図ること」(新提要p.62)をねらいとします。こうした学級・ホームルーム活動や生徒指導のねらいを達成するために、学級・ホームルーム経営は大切なものとなります。

2　学級・ホームルーム経営の方法

(1)　意図的・計画的な指導を図る

　学校種や学年等に応じて、学級・ホームルーム活動内容を明確にし、ねらいを達成できるようにするために、年間指導計画をしっかりと立案します。このとき、地域や学校、児童生徒の発達段階の実態に応じた指導内容が系統的になるように計画します。特に4月の出会いの時期は大切となります。この時期の体験が年間を通した生活集団・学習集団・生徒指導の実践集団の基盤となるからです。

(2) 実践的な態度の育成

　学級・ホームルーム活動の中で、自ら問題を見つけ、解決ができるようにするためには、話し合いや協働活動といった体験活動を通して、実践的な態度を身に付けることが大切です。このことは、いじめの未然防止を達成するためにも必要なことです。いじめの未然防止の概念や理念を理解したとしても、実践的な態度を継続することなしに未然防止はなしえません。いじめを未然に防止するために、そのとき、その場で、具体的な行動がとれなければならないからです。

(3) 準拠集団となる学級・ホームルームづくり

　規範的で支持的な学級・ホームルーム活動によってつくられる高い凝集性は、児童生徒の準拠集団を形成することに役立ちます。準拠集団をつくるために、学級・ホームルームでルールを守りながら、児童生徒の人間関係形成能力やコミュニケーション能力の育成を図るようにします。こうしてできた準拠集団は、学習集団としての凝集力の高まりも期待できます。学級・ホームルームが準拠集団となっていることは、自治的・創造的な学習集団をつくることにもなります。安心で安全な学びが保証される中で、自らの問題を自分たちで解決できる自治的な力や創造的な力の育成が促進されます。そのために、年度当初から、共に認め、励まし合い、支え合う集団にしていくことを目指します。

(4) キャリア形成となる学級・ホームルームづくり

　児童生徒のキャリア形成は、社会的自立に向けた取組にほかなりません。学級・ホームルームで行う「社会参画意識の醸成」は、キャリア教育であり、「児童生徒が集団や社会の形成者として、多様な他者と協働して、集団や生活上の諸問題を解決し、よりよい生活をつくろうとする態度を身に付け、『社会の中で自分らしく生きることができる存在』へと成長・発達する過程を支える教育活動としての生徒指導」（新提要p.63）でもあります。学級・ホームルーム活動においてe-ポートフォリオやキャリアパスポートを活用して、キャリア形成と生徒指導が一体となった活動を行うことが大切です。

（岡田　弘）

[2　教科の指導と生徒指導]

Q16
教科の指導に児童生徒理解を生かすにはどのように取り組めばよいでしょうか。

1　児童生徒理解を基盤とした教科の指導と生徒指導

　生徒指導の目的を達成するためには、各教科、「特別の教科　道徳」、総合的な学習（探究）の時間、特別活動等の中で生徒指導を行うことが欠かせません。なぜなら、教育課程や日常の教育活動の中核となるのが授業（教科の指導）だからです。今回の生徒指導提要改訂の中核の一つである発達支持的生徒指導の実践においても、教科の学習の指導と関連付けて行うことが重要です。このとき、児童生徒理解を基盤とした教科の指導は、個々の児童生徒の学習の習熟の度合いや学習状況を踏まえた個に応じた指導と共に、発達を支える指導の充実や生徒指導の目標達成にとっても大切なものです。

2　授業計画立案に生かす児童生徒理解

　授業のねらいを達成するための学習指導案は、授業の要となります。学習指導案は、実施する学級の児童生徒一人一人の個性や特性や特質を理解することなしに作成できません。しかし、「児童生徒一人一人の家庭環境、生育歴、能力・適性、興味・関心等を把握することは非常に難しいこと」（新提要p.23）です。では、児童生徒理解に関する情報の収集はどのようにしたら良いでしょうか。その方法には次のようなものがあります。「①授業観察からの主観的情報の収集、②課題・テスト・各種調査・生活日誌等からの客観的情報の収集、③出欠・遅刻・早退、保健室の利用などの客観的

情報の収集、④ICTを活用した客観的情報の収集」（新提要pp.45－46）です。
こうした方法で集めた児童生徒の情報に基づいた児童生徒理解を活用し
て、学習指導案を作成します。具体的には、一人一人の児童生徒理解に基
づいて、主体的・対話的で深い学びの実現のために、誰と誰を同じ班にし
たらよいか、または誰と誰は同じ班にしない方がよいかなどを決めます。
また、授業の中での発問の仕方や発問の内容も工夫します。そして、個別
最適な学びを進めるために、児童生徒一人一人の成長やつまずきや悩みな
どの理解にも役立てます。このように、個々の児童生徒の興味・関心・意
欲を踏まえたきめ細かい指導や支援ができるために児童生徒理解を役立て
ます。

3　チームによる分析と共通理解

　教科の指導の中で「授業に関連する児童生徒理解を通じて得た情報に基
づいて、当該児童生徒に対する配慮事項、指導目標や支援目標の設定、具
体的な指導方法や支援方法を明確にして、関連する教職員が情報を共有し
て、チームとして取り組むこと」（新提要p.46）も必要となります。そのた
めに、「心理面のみならず、学習面、社会面、健康面、進路面、家庭面か
ら総合的に理解していくことが重要です。」（新提要p.24）こうしたチームに
よる共通理解と分析によって得られた児童生徒理解なしに、協働的な学び
や体験活動を通じた学びは実現しません。なぜならば、児童生徒同士で、
あるいは多様な他者と協働し、体験活動を通して学びを深めたりするため
には、気になる児童生徒、配慮を要する児童生徒の情報に基づいて、教科
の指導を行う必要があるからです。このとき、全教職員が共通した児童生
徒理解をもとに、共通した実践を教科の指導の中で行うことによって、教
育効果をより一層高めることができるようになります。また、的確な児童
生徒理解を行うためには、児童生徒、保護者と教職員がお互いに理解を深
めることが大切です。お互いの信頼関係なくして広く深い児童生徒理解は
なされないからです。 （岡田　弘）

Q17
生徒指導を生かす授業づくりにはどのような視点が必要でしょうか。

1　感情への対処を踏まえた授業づくり

　学習指導要領では、「個に応じた指導」の充実を図ることが示されました。主体的・対話的で深い学びの実現を図るために、探究的な学習や体験的活動等を通じて、児童生徒同士あるいは多様な他者と協働しながら学びを充実することの重要性が示されています。新提要では、児童生徒の自己存在感の感受を促進するために、「児童生徒の多様な学習の状況や興味・関心に柔軟に応じることにより、『どの児童生徒も分かる授業』、『どの児童生徒にとっても面白い授業』になるよう創意工夫することが必要です。」（新提要p.47）と示されています。

　こうした授業実践には、児童生徒の感情への対処が必要となります。家庭内で起きた問題を抱えている児童生徒、学級・ホームルーム内で苦手意識を持っていたり、休み時間でのもめ事を引きずっている児童生徒がいる場合、協働活動による主体的・対話的で深い学びは達成しづらくなります。生徒指導におけるカウンセリングでは、感情への対処の仕方を沢山持っています。非言語による内面の読み取り、呼吸法による気分の沈静化、アンガーマネジメントによる感情への対処などの技法があります。こうした生徒指導の技法を活用して、協働しながらの学びを充実させることができます。

2　共感的な人間関係を育成する授業

　授業においては、互いに認め合い・励まし合い・支え合える学習集団づ

くりを促進していくことが大切です。発表や課題提出において、失敗を恐れない、間違いやできないことが笑われない、むしろ、なぜそう思ったのかという児童生徒の考えについて児童生徒同士がお互いに関心を寄せ合う授業づくりが求められます。新提要では、「授業を通して実現される共感的な人間関係が育つ学習集団づくりは、いじめや非行の防止等の基盤になります。そのためには、教師が学級・ホームルームの児童生徒の多様な個性を尊重し、相手の立場に立って考え、行動する姿勢を率先して示すことが大切です。」(新提要p.47) と示されています。生徒指導における共感的理解の実践がそのまま授業実践に通じるものとなります。生徒指導で、児童生徒理解においては「自分のことが分かる程度にしか、他者のことは分からない」と言われています。授業の中で児童生徒を共感的に理解するために、授業者は、自分自身をより深く見つめる作業を行う必要があります。

3　教師がファシリテーターとなる授業づくり

　主体的・対話的で深い学びを実現するためには、教師がファシリテーターとして、授業を促進することが求められます。新提要では、児童生徒の自己決定の場を提供するためには、「教員は、児童生徒に意見発表の場を提供したり、児童生徒間の対話や議論の機会を設けたり、児童生徒が協力して調べ学習をする、実験する、発表する、作品を作る、演じるなどの取組を積極的に進めたりして、児童生徒の学びを促進するファシリテーターとしての役割を果たすことも重要です。」(新提要p.47) と示されています。

　生徒指導では、安全安心な「居場所づくり」に配慮した授業が望まれます。グループ討議などでは、教師はファシリテーターとして、参加者の心理的安全性を確保するようにします。このことによって自己開示がしやすくなるからです。こうした手法は、授業でもそのまま活用することができます。

(岡田　弘)

Q18
道徳教育と生徒指導はどのように関連するのでしょうか。

1　道徳教育と生徒指導の相互関係

　まず、学校における道徳教育は、自己の生き方を考え、主体的な判断の下に行動し、自立した一人の人間として他者と共によりよく生きるための基盤となる道徳性を養うことを目標とする教育活動です。そして、道徳科を要として学校の教育活動全体を通じて行うものとされています。

　一方、生徒指導は、「社会の中で自分らしく生きることができる存在へと児童生徒が、自発的・主体的に成長や発達する過程を支える教育活動」です。そして、学校の教育活動のあらゆる場面において行われるものです。

　つまり、道徳教育と生徒指導は、道徳教育が道徳性の育成を直接的なねらいとしている点を除けば、いずれも児童生徒の人格のよりよい発達を目指すものであること、そして、学校の教育活動全体を通じて行うという点で共通しています。では、この両者は学校教育の中でどのように関連し、児童生徒の人格の形成に機能するのでしょうか。

　例えば、道徳教育において児童生徒の道徳性が養われることで、日常生活における児童生徒の道徳的実践がより確かなものとなり、自己実現へとつながります。それは、「社会の中で自分らしく生きることができる存在へと児童生徒が、自発的・主体的に成長や発達する」という生徒指導の目標の達成につながるものです。逆に、児童生徒に対する生徒指導が徹底されることで、児童生徒は望ましい生活態度を身に付けることになり、このことは道徳性を養うという道徳教育のねらいの達成を支えることになります。

このように、両者は、互いに密接な関連を図りながら指導を展開することで、より効果的にそれぞれの目標の達成につながることが期待されています。具体的には、道徳教育で培う道徳性を、生きる力として日常の生活場面に具現化できるよう支援することが生徒指導の大切な働きとなります。

2 「発達支持的・課題予防的生徒指導」としての道徳教育の推進

道徳教育も生徒指導も、いずれも学校における教育活動全体を通じて行われるものですが、道徳教育は道徳性の育成（価値観の形成）を直接的なねらいとしており、生徒指導は児童生徒一人一人の具体的な日常生活の問題について援助し指導する場合が多いことにそれぞれの特性があります。

今日、いじめをはじめとして生徒指導上の課題は複雑化、深刻化しています。そのため、教育の現場においては、どうしてもこれらの課題対応に追われることになりがちです。しかし、このような「対症療法」としての生徒指導だけでは、課題対応に追われ、児童生徒を健全に育てていくという本来の教育としての機能を十分に果たすことができず、場合によっては、結果として児童生徒を不本意な形で加害者や被害者に追い込んでしまうなど、より深刻な状況をもたらすことにもなりかねません。

そこで、道徳教育と生徒指導との相互の関係をさらに一歩進め、道徳科を要とした道徳教育の一層の推進を図り、道徳性の育成（価値観の育成）に支えられた「発達支持的生徒指導」「課題予防的生徒指導」の展開に取り組むことが求められています。特に、生徒指導上の問題の防止や解決につながる道徳性を育む上で、道徳教育の要となる道徳科の指導の充実を図ることは重要であり、2015年度の道徳の教科化によって、いじめ問題への対応等、その役割を果たすことが一層期待されています。

（七條正典）

［参考文献］
- 文部科学省『小学校・中学校学習指導要領解説　特別の教科　道徳編』廣済堂あかつき・教育出版、2018年

[3　道徳科を要とした道徳教育における生徒指導]

Q19
生徒指導を生かした道徳科の授業づくりとはどのようなものでしょうか。

1　生徒指導を生かした道徳科の授業づくり

　生徒指導を生かした道徳科の授業づくりにおいては、何よりもまず「学校の教育活動全体を通じて行う道徳教育の要として、道徳的諸価値についての理解を基に、自己を見つめ、物事を（広い視野から）多面的・多角的に考え、自己（人間として）の生き方についての考えを深める学習を通して道徳性を養う」（括弧内は中学校）という道徳科の特質を押さえておくことが不可欠です。

　そして、道徳科の授業では、その特質を踏まえ、生徒指導上の様々な問題に児童生徒が主体的に対処できる実効性のある力の基盤となる道徳性を身に付けることが求められています。

　さらに、道徳科の授業と生徒指導には、道徳科の授業の充実に生徒指導が資する面と、生徒指導の充実に道徳科の授業が資する面があり、両者は相互補完の関係にあります。したがって、実際の指導に際しては、両者は一体的に働くものであることに十分留意して指導する必要があります。

　なお、今日、生徒指導上の課題が複雑化、深刻化していることから、単に道徳科の授業と生徒指導との関連を図った指導だけでなく、生徒指導上の課題の防止や解決につながる道徳性を養う上で、道徳教育の要となる道徳科と各教科等をはじめとする他の教育活動との関連を相互に図り、学校の教育活動全体として効果的に取り組む指導（「教科等横断的な指導」など）の充実が求められています。

2 生徒指導を生かした道徳科の授業づくりの具体的視点

　生徒指導を生かした授業づくりの実施においては、前述のように道徳科の授業の充実に生徒指導が資する面と、生徒指導の充実に道徳科の授業が資する面があります。ここでは、特に「道徳科の授業の充実に資する生徒指導」を中心に、その具体的視点について述べます。

　「道徳科の授業の充実に資する生徒指導」の第一は、道徳科の授業に対する学習態度の育成です。深い児童生徒理解と児童生徒との信頼的な人間関係により、児童生徒が自主的に判断・行動し、積極的に自己を生かすことができるようになる発達支持的生徒指導の充実は、自己の生き方と関わらせながら学びを深めていく道徳科の授業の充実につながります。

　第二は、道徳科の授業に資する資料の活用です。児童生徒理解のための質問紙調査など、生徒指導のために行った調査結果を、道徳科の授業において活用したり、生徒指導上の問題を題材とした教材を用いたりすることによって、児童生徒が道徳的価値について自分のこととつなげてより理解を深めることができます。

　第三は、学級・ホームルーム内の人間関係や環境の整備、望ましい道徳科授業の雰囲気の醸成です。児童生徒の人間関係を深めることや一人一人の問題を解決すること、柔軟な教室内の座席の配置やグループ編成の弾力化など、指導を工夫することによって、道徳科の授業の充実につながります。

　「生徒指導の充実に資する道徳科の授業」の視点の第一は、生徒指導を進める望ましい雰囲気の醸成を促すこと、第二は、思いやりや遵法、いじめや差別、生命の尊さなど道徳科の授業で学んだ内容は、そのまま発達支持的生徒指導につながります。第三は、道徳科の授業展開の中で生徒指導の機会を提供することです。特に、道徳科の授業においては、問題解決的な学習や道徳的行為に関する体験的な学習など多様な指導の工夫が求められており、このことは児童生徒が、現実の生徒指導上の課題に主体的に対処できる実効性のある力を身に付けることにつながります。　（七條正典）

▶

［4　総合的な学習（探究）の時間における生徒指導］

Q20
総合的な学習（探究）の時間と生徒指導はどのように関連するのでしょうか。

◀

1　総合的な学習（探究）の時間における生徒指導

　新提要第2章2.4「総合的な学習（探究）の時間における生徒指導」は3項からなります。そこでは、総合的な学習（探究）の時間の目標、協働的に取り組むこと、自己の（在り方）生き方を考えることについて、生徒指導の視点から説明をしています。

（1）総合的な学習（探究）の時間で育成される資質・能力

　「総合的な学習（探究）の時間を充実させることが、生徒指導の目標に直接又は間接に寄与する」（新提要p.52）ことになります。その理由は、総合的な学習（探究）の時間は、他の教科等と比べると、知識や技能を自ら求めていく姿勢が必要ですが、このことに対して生徒指導の「児童生徒が、自発的・主体的に成長や発達する過程を支える」（p.52）機能がよく作用するからです。

　このことについて、次のように考えることができます。

（2）総合的な学習（探究）の時間における生徒指導の機能

　生徒指導は、学習指導と並んで学校教育において重要な意義を持ちますが、「生徒指導の目的を達成するためには、児童生徒一人一人が自己指導能力を身に付けること」（新提要p.13）が目指されます。この自己指導能力を身に付けるためには、児童生徒が「主体的に問題や課題を発見し、自己の目標を選択・設定して、この目標の達成のため、自発的、自律的、かつ、他者の主体性を尊重しながら、自らの行動を決断し、実行する力」（p.13）を育んでいくことが必要となります。このことが、総合的な学習（探究）の

時間における学習活動と生徒指導の意義が重なる点であると考えられます。

2　主体的・協働的に学習活動に取り組み、自己の生き方を考える

　教師が、総合的な学習（探究）の時間において児童生徒の自己指導能力を育むために、「留意する実践上の視点」（指導上の留意点）として、次の4点が示されています。それは、自己存在感の感受、共感的な人間関係の育成、自己決定の場の提供、安全・安心な風土の醸成です。

　ここでは、総合的な学習（探究）の時間と生徒指導を相互に関連付け、両者の充実を図るために必要な視点を以下の2点に整理しておきます。

（1）総合的な学習（探究）の時間における発達支持的生徒指導

　教師は、「児童生徒の主体性が発揮されている場面では、児童生徒が自ら変容していく姿を見守り、学習活動が停滞したり迷ったりしている場面では、場に応じた指導をするように働きかけること」（新提要p.53）が必要です。

　また、教師は、「容易に解決されないような複雑な問題を探究し、物事の本質を見極めようとする児童生徒の姿」（p.53）が見られたときには、「積極的に寄り添い、幅広い情報を収集し、選択・判断しながら、よりよく児童生徒の学習を支えるとともに、その主体性が発揮できるように、児童生徒の学習状況に応じて教員が適切な指導を行うこと」（p.53）が求められます。

（2）生徒指導の実践上の視点を生かした学習活動の展開

　「複雑な現代社会においては、いかなる問題についても、一人だけの力で何かを成し遂げることが困難な状況が見られることから、他者との協働が不可欠」（新提要p.54）であることを踏まえ、総合的な学習（探究）の時間では、他者と協働的に課題に取り組む場面が想定されています。

　教師は、「児童生徒が多様な情報を活用し、自分と異なる視点からも考え、力を合わせたり交流したりして学べるように、支持的に働きかける」（p.54）こと、「協働的に学ぶことを通じて個人の学習の質を高め、同時に集団の学習の質も高めていくことができるように、発達の段階に応じた指導や援助を行うこと」（p.54）が必要となります。　　　　　　　（中村　豊）

[5　特別活動における生徒指導]

Q21
特別活動と生徒指導はどのように関連するのでしょうか。

1　特別活動における生徒指導

　集団活動を通して「なすことによって学ぶ」ことを指導原理とする特別活動は、生徒指導の目的である「個性の発見」「よさや可能性の伸長」「社会的資質・能力の発達」などを実現するために、「教育課程において中心的な役割を果たしています」(新提要p.56)。このことについて、以下に説明します。

(1)　特別活動の基本的な性格と生徒指導との関わり

　新提要は、特別活動と生徒指導の関わりを次のように示しています。「特別活動は、生徒指導の目的である『児童生徒一人一人の個性の発見とよさや可能性の伸長と社会的資質・能力の発達を支える』ことに資する集団活動を通して、生徒指導の目的に直接迫る学習活動である」(新提要p.56)。

　また、特別活動は、「いじめ」や「不登校」等の未然防止に資する学習活動であるという生徒指導の視点が明示されました。これは、特別活動を展開する中で、「所属感や連帯感、互いの心理的な結び付きなどが結果として自然に培われる」(新提要p.56)ことや、学級・ホームルーム経営とも深く関わっているために、課題予防的生徒指導における課題未然防止教育として位置付けられています。つまり、これまでは生徒指導の「積極的な意義」と示されていたことを、学習指導要領（平成29年、30年）総則との整合性を図りつつ、具体的なプロアクティブとして示していると言えます。

(2)　生徒指導の観点

　特別活動では、「児童生徒の自主性を尊重し、創意を生かし、目標達成

の喜びを味わえる」(新提要p.57)学習活動とすることが大切です。教師には、児童生徒の発達の段階に応じた「自発的、自治的な活動を重んじ、成就感や自信の獲得につながるような間接的な援助」(p.57) が求められています。

また、教師は児童生徒が学級・ホームルームや学校生活上の諸問題を「自主的に解決できるようにするために、一人一人の思いや願いを生かし、話合いを繰り返す過程で、よりよい集団活動の方法や実践的な態度を身に付けていく」(p.57) ことができるように、適切な働きかけが欠かせません。

このような教師の働きかけは、発達支持的生徒指導そのものとなります。

2 特別活動において生徒指導の機能を生かすための留意点

特別活動と生徒指導との関わりは、特別活動の特色である「多様な集団活動」の中で、教師が生徒指導の機能を生かすために、次の3点を挙げて説明しています (新提要pp.57-58)。

(1)所属する集団を、自分たちの力によって円滑に運営することを学ぶ

(2)集団生活の中でよりよい人間関係を築き、それぞれが個性や自己の能力を生かし、互いの人格を尊重し合って生きることの大切さを学ぶ

(3)集団としての連帯意識を高め、集団や社会の形成者としての望ましい態度や行動の在り方を学ぶ

このことは、「集団との関係で自己の在り方を自覚することができるように指導し、集団や社会の形成者としての連帯感や責任感を養うようにすること」、「社会性の基礎となる態度や行動を身に付け、様々な場面で自己の能力をよりよく生かし自己実現を図ることができるようにすること」、「主権者としての意識を高めること」(p.58) を留意点として示しています。

特別活動と生徒指導の関連については、『生徒指導の手びき』(1965)、『生徒指導の手引 (改訂版)』(1981)、『生徒指導提要』(2010) において、生徒指導の機能が生かされる場や機会が、特別活動における集団活動には数多く存在していることが示されてきました。新提要では、新たに「主権者」の意識を高める学習活動としていく視点が明記されました。　(中村　豊)

［5　特別活動における生徒指導］

Q22
特別活動の各活動を生徒指導に生かすにはどのように取り組めばよいでしょうか。

1　特別活動の各活動・学校行事の目標と生徒指導

　現行の学習指導要領は、各教科及び教科外の学習活動を通して育成を目指す資質・能力を3観点で示しています。特別活動の目標は、学級活動・ホームルーム活動、児童会活動・生徒会活動、クラブ活動（小学校のみ）、学校行事の四つの内容を総括する全体目標としています。

　特別活動の全体目標で示された目標は、各活動・学校行事を通して、児童生徒が主体となり身に付けることを目指しています。各活動・学校行事の活動と資質・能力（新提要pp.59-60）について表に整理しました。

表　特別活動の各活動・学校行事と下位目標

各活動・学校行事	活動を通しての目標
学級活動・ホームルーム活動	自主的、実践的に取り組むことを通して、資質・能力を育成する。
児童会活動・生徒会活動	自主的、実践的に取り組むことを通して、資質・能力を育成する。
クラブ活動（小学校のみ）	自主的、実践的に取り組むことを通して、個性の伸長を図りながら資質・能力を育成する。
学校行事	集団への所属感や連帯感を深め、公共の精神を養いながら資質・能力を育成する。

　表に示した特別活動に関する下位目標及び全体目標は、生徒指導が目指す「自己指導能力や自己実現につながる力の獲得と重なる部分が多いことから、密接な関係にある」（p.60）ことが分かります。

2 生徒指導が中心的に行われる場としての特別活動

　児童生徒は、特別活動における集団活動を通して、「自己指導能力や、集団や社会の形成者として主体的に参画する力、様々な場面で自己のよさや可能性を発揮し、自己実現を図る力を主体的に身に付けていきます」（新提要p.60）。

　このことについて、従来の生徒指導に関する行政資料では「積極的な生徒指導」「消極的な生徒指導」という概念・用語が使用されていました。しかし、『生徒指導提要』（2010）から生徒指導は、自己実現を図る自己指導能力の育成を目指すという本来的な意義を積極的な意義として確認し、新提要では「生徒指導は、児童生徒が自らを生かし自己実現できるよう支援する教育機能」（p.60）であると説明しています。

　以上のことを踏まえ、「教員は、生徒指導の観点から、特別活動の内容の特質や児童生徒の発達の段階に応じて、児童生徒による自発的、自治的な活動を重んじつつ、成就感や自信の獲得につながるように適切な指導や援助に努めることが求められます」（p.60）。つまり、生徒指導の「2軸3類4層構造」で示されている「発達支持的生徒指導」が中心的に行われる場として、「特別活動は、各教科等の時間以上に生徒指導の機能が作用している」（p.60）ことを意識し、指導や援助をしていくことが大切になるのです。

　また、各校における教育課程の編成では、「特別活動は、集団や社会の形成者としての見方や考え方を働かせて、よりよい生活や人間関係を築き、人間としての生き方について自覚を深め、自己を生かす能力を獲得するなど、生徒指導が中心的に行われる場である」（pp.60-61）ことに十分配慮することが必要となります。特に、「特別な教科 道徳」及び「総合的な学習（探究）の時間」などとの教科等横断的な教育課程については、生徒指導の視点を生かした編成の工夫が求められます。

（中村　豊）

Q23
学級活動・ホームルーム活動と生徒指導はどのように関連するのでしょうか。

1　学級活動・ホームルーム活動と生徒指導

　文部科学省国立教育政策研究所教育課程研究センター（2015）が作成した特別活動指導資料の中学校編のタイトルは、「学級・学校文化を創る特別活動」でした。その内容は4部からなり、「1　先生方へ」の中で、「学級・学校文化を創る『特別活動』」や「我が国の学校教育を特徴付ける教育活動としての『特別活動』」などについて解説しています。

　このような特別活動の特色は、現行の学習指導要領においても継承されています。「文化」という用語は「豊かな人間性を涵養し、創造力と感性を育む等、共に生きる社会の基盤を形成するもの」と理解され、「特別活動の取組に照らすなら、特別活動の全ての活動は、学級・学校文化の創造に直接関わる活動と言えるのである。」（文部科学省「中学校学習指導要領解説特別活動編」2017年、pp.28-29）としています。また、新提要では、特別活動が「学校文化」の形成に資することが示されています。

　学級活動・ホームルーム活動は、授業時数及び内容が規定されています。この学級活動・ホームルーム活動は、「学校生活の基盤づくりや、互いを尊重し合う人間関係など教科等におけるグループ学習等の協働的な学習の基盤づくりに貢献する重要な役割を担っており、発達支持的生徒指導と重なる」（新提要p.61）、「生徒指導を行う中核的な場」（p.62）とされています。

　このことから、学級活動・ホームルーム活動では、「指導内容が系統的になるように年間指導計画を適切に設定し、学級・ホームルーム活動の時間に意図的・計画的に指導することが求められます」（p.62）。

2　生徒指導を意識した学級・ホームルーム活動の取組

　生徒指導の「２軸３類４層構造」で示された課題予防的生徒指導の場としても、学級活動・ホームルーム活動の充実が重要になります。

　また、学級活動・ホームルーム活動の学習内容を一人一人が身に付け、資質・能力を定着するためには、「個別場面における指導や援助も必要になります」（新提要p.62）。新提要では、学級活動・ホームルーム活動における生徒指導を意識した取組の視点として、次の３点を挙げています。

　「児童生徒の自主的、実践的な態度や、健全な生活態度が育つ場であること」「発達支持的生徒指導を行う中核的な場であること」「学業生活の充実や進路選択の能力の育成を図る教育活動の要の時間であること」

　上の３点目には「キャリア教育」が挙げられています。これは、現行の学習指導要領において、新たに導入された内容となります。

　次に、キャリア教育と生徒指導の関連について、新提要の記述を確認していきます。

　学級活動・ホームルーム活動の内容（3）には、「社会参画意識の醸成」が挙げられています。「これは、児童生徒が集団や社会の形成者として、多様な他者と協働して、集団や生活上の諸問題を解決し、よりよい生活をつくろうとする態度を身に付け、『社会の中で自分らしく生きることができる存在』へと成長・発達する過程を支える教育活動としての生徒指導と重なるものです」（p.63）。

　このような学級活動・ホームルーム活動の内容（3）の授業では、「キャリア・パスポート」の効果的な活用と、「児童生徒が、自ら、現在及び将来の生き方を考えたり、自分に自信を持ち、よさを伸ばして生活したりできるように働きかけること」、「話合いを生かして考えを深め、なりたい自分やよりよい自分に向けて意思決定した目標や実践方法について粘り強く努力できる姿勢の獲得につながる活動」（p.63）が求められています。

（中村　豊）

［5　特別活動における生徒指導］

Q24
児童会活動・生徒会活動、クラブ活動は生徒指導とどのように関連するのでしょうか。

1　児童会・生徒会活動、クラブ活動と生徒指導

　児童会活動・生徒会活動、クラブ活動（小学校のみ）は、特別活動における多様な集団活動に位置付けられます。その特質は、全校の児童生徒で組織された異年齢集団による活動にあります。

　新提要では、児童会活動・生徒会活動、クラブ活動と生徒指導との関連について、次のように示しています。

　まず、児童会活動・生徒会活動、クラブ活動は、「それぞれのねらいや活動形態等の違いはあるものの、集団活動の基本的な性格や指導の在り方において共通の特色を有しています」（新提要p.64）。次に、それらと生徒指導の関係を次の3点に整理しています。

　「①　異年齢集団活動を通して、望ましい人間関係を学ぶ教育活動であること」「②　より大きな集団の一員として、役割を分担し合って協力し合う態度を学ぶ教育活動であること」「③　自発的、自治的な実践活動を通して、自主的な態度の在り方を学ぶ教育活動であること」。

　続いて、小学校における児童会、クラブ活動の実践が、中学校、高等学校の生徒会活動につながっていくこと、これらの活動は、児童生徒の自発性、自主性、社会性の発達を支える生徒指導の実践上の視点と密接に関係していると説明されています。また、「いじめの未然防止に資する活動に取り組む場合は、『いじめ防止対策推進法』の趣旨を踏まえ、児童生徒が自主的、実践的に取り組むことができるよう支援」（p.65）するとされています。

2　主権者意識の向上につながる児童会・生徒会活動と生徒指導

　児童生徒を取り巻く社会情勢は、「児童の権利に関する条約」（日本は1994.5.22施行）に規定されている子どもの権利保障や、人権意識の向上、民法改正（2022.4.1）に伴う成年年齢18歳への引き下げ、「こども基本法」（令和４年法律第77号）の成立と「こども家庭庁」の設置等、大きく変化しています。今回の生徒指導提要の改訂においても、「児童生徒の権利を保障する視点や、生徒指導の目的・目標からも、児童生徒が自ら学校生活の充実・向上に向けて、話し合い、協力して実践する児童会・生徒会活動は、児童生徒の自治的能力や主権者としての意識を高める上で極めて重要な活動」（新提要p.65）と位置付けられました。そして、「そのための基盤となるのは学級・ホームルーム活動」（p.65）であることが示されました。

　学級や学校は、「児童生徒にとって一番身近な社会です」（p.65）。この「小さな社会」の「生活に目を向け、自分たちでよりよい生活や人間関係を築くこと」「児童会・生徒会活動及び代表委員会や評議委員会、役員活動、各種専門委員会活動などにおいて、学校生活の充実と向上のための課題を児童生徒が自ら見いだし解決方法について話し合い、協力して実践したり、児童生徒が自らの発意・発想を生かして活動計画を作成したりします。児童会・生徒会の一員として自分の果たすべき役割などについて考え、決めたことに協力して取り組むなどの資質・能力を身に付けること」（p.65）が、児童生徒の主権者意識を醸成すると考えられています。

　また、児童会活動・生徒会活動、クラブ活動は、「学校という社会的な場で多様な組織による集団活動を通して人間関係を学ぶ機会であり、生徒指導の充実に大きく貢献する教育活動」（p.65）として位置付けられています。

　なお、中学校・高等学校の部活動の在り方が問われていますが、小学校のクラブ活動は、「継続的な活動が行える十分な時間を確保することが生徒指導の充実にもつながる」（p.65）ことが事例を挙げて説明されています。このことも、留意点として押さえておくべき大切な視点です。（中村　豊）

［5　特別活動における生徒指導］
Q25
学校行事と生徒指導はどのように関連するのでしょうか。

1　学校行事と生徒指導の関係

　学校行事は、「全校又は学年などを単位として、学校生活に秩序と変化を与え、学校生活の充実と発展に資する体験的な活動を行うことを内容とする教育活動」(新提要p.66) です。その内容は、儀式的行事、文化的行事、健康安全・体育的行事、遠足（中高は旅行）・集団宿泊的行事、勤労生産・奉仕的行事の5つからなります。

　また、学校行事の目標は、「全校又は学年の児童（中学校は、『生徒』）（高等学校は、『若しくは学年又はそれらに準ずる集団』）で協力し、よりよい学校生活を築くための体験的な活動を通して、集団への所属感や連帯感を深め、公共の精神を養いながら」「特別活動の全体目標に掲げられた資質・能力を育成することです」(p.66)。

　学校行事の5つの内容は、小学校、中学校、高等学校とも基本的には同じ構成であり、小学校での体験が中学校・高等学校における学校行事の充実につながります。

　そして、学校行事において児童生徒らは、「協力し合い、支え合うなどの直接体験を通して、自他のよさに気付いたり、人間関係を深めたり、命の大切さを学んだりすることが可能となります」(p.66)。

　このように学校行事は、生徒指導の充実を図る上で、「多くの点で生徒指導の実践上の視点を生かすことのできる教育活動」(p.66) として重要な意義を持っていると説明されています。

2　生徒指導との関連を踏まえた学校行事における指導の工夫と配慮

　学校行事は、全校又は学年を単位として取り組まれる教育活動であることから、教師は自分が直接には担当していない異学年の児童生徒の指導について、「児童生徒一人一人が受け身でなく、主体的に参加できるよう十分に配慮することが求められます」（新提要p.67）。新提要では、学校行事の特色、役割、指導の方向性として、次の３点を挙げています（p.66）。
・学校生活を豊かな充実したものにする体験的な教育活動
・全校又は学年という大きな集団により人間関係を学ぶ教育活動
・多彩な内容を含んだ総合的、創造的な教育活動とすることが重要
　このように、学校行事は、日常の学校生活や教科等の授業では経験し難い教育活動が行われることで、よりよい人間関係づくりや学校文化の創造につながると考えられます。
　「また、教科学習でつまずきがちであったり、問題行動が見られたり特別な支援を要したりする児童生徒に対しても、自分の得意とする能力や個性などを生かすことができるように配慮し、適切に役割を担うことができるようにすることも重要」（p.67）であり、生徒指導の視点から、課題をもつ児童生徒への個別指導・援助の必要性が示されています。
　生徒指導では、児童生徒理解の重要性について、理解の幅と深さが問われます。上述した学校行事への積極的な取組を促す理由には、「児童生徒理解に基づいた教員の適切な配慮によって、集団生活への意欲や自信を失っている児童生徒の自己存在感や自己有用感を高めるとともに、自己の生き方についての考えを深め、自分の能力への自信を回復することが可能」（p.67）になるという考えがあります。つまり、学校行事を通して「発達支持的生徒指導の充実を図ることは、児童生徒の『個性の発見とよさや可能性の伸長と社会的資質・能力の発達を支える』という生徒指導の目的を達成することに直接つながる」（p.67）教育活動ということになります。

（中村　豊）

第3章

チーム学校による
生徒指導体制

Q26
チーム学校における学校組織としての機能や求められる姿勢はどのようなものでしょうか。

1　チーム学校における学校組織として機能するための四つの視点

①　第一に、教師が教育に関する専門性を持ちつつ、それぞれ独自の得意分野を生かし、チームとして機能すると同時に、教師と心理や福祉等の専門スタッフとの連携・協働の体制を充実させることです。

②　第二に、「チーム学校」が機能するためには、校長のリーダーシップが必要であり、学校のマネジメント機能を強化していくことが求められています。そして校長がリーダーシップを発揮し、学校の教育力を向上させていくためには、校長の権限を適切に分担する体制や校長の判断を補佐する体制を整備すること、管理職もチームの一員として取り組むことが重要です。

③　第三に、教職員がそれぞれの力を発揮し、伸ばしていくことができるようにするためには、人材育成の充実や業務改善の取組を進めることが重要であり、教職員の専門性を高め、それを発揮するための環境を整備することが求められます。具体的には、「校務分掌や校内委員会の持ち方、業務の内容や進め方の見直し、教職員のメンタルヘルス対策等に取り組む」ことが重要です。

④　第四の視点として、教職員間に「同僚性」を形成することが挙げられます。教職員や専門スタッフ等の多職種で組織される学校がチームとして実効的に機能するには、職場の雰囲気が大切です。

　これら四つの視点から生徒指導体制を構築することにより、「児童生徒一人一人の発達を支える取組を組織的に進める」生徒指導が可能になります。

　つまり、学校がチームとして機能するためには、教職員同士はもとより、教職員と多職種の専門家や地域の人々が連携・協働して教育活動を展開することが求められます。

2　チーム学校における学校組織として求められる姿勢

　また、知識や経験、価値観や仕事の文化の違う者同士が関係性を築いていくためには、専門性に由来するそれぞれに特有の文化やものの見方をお互いに理解し、考え方や感じ方をお互い理解し合うことも大切です。そうでないと連携・協働が、かえってメンバーにストレスを生じさせることにもなりかねません。したがって、学校を基盤としたチームによる連携・協働を実現するためには、教職員、多職種の専門家など、学校に関係する人々に次のような姿勢が求められます。

(1)　一人で抱え込まない

　一人でやれることには限界があります。一人で仕事をこなさなくてはという思い込みを捨てて組織で関わることで、児童生徒理解も対応も柔軟できめ細かいものになります。

(2)　どんなことでも問題を全体に投げかける

　些細なことでも、学年会や校務分掌の会議、職員会議、ケース会議等に報告し、常に問題を学年全体、学校全体として共有する雰囲気が大切です。

(3)　管理職を中心に、ミドルリーダーが機能するネットワークをつくる

　連携した行動の核となる司令塔（ミドルリーダー）の存在により、役割分担に基づく対応ができます。学校の実情に応じて、複数の教職員の「校内連携型支援チーム（コーディネーターチーム）」が連携の核になります。

(4)　同僚間での継続的な振り返りを大切にする

　思い込みや身勝手さをなくすには、常に自分たちの考えや行動を自己点検する必要があります。同僚の教職員間で継続的な振り返りにより、自身の認知や行動の特性に気付くことができ、幅広い協働が可能になります。

（山口豊一）

Q27
これからの生徒指導体制をどのように組織すればよいでしょうか。

1　生徒指導部の役割

　生徒指導主事を主担当とする生徒指導部（生徒指導委員会等）は、学校の生徒指導を組織的、体系的な取組として進めるための中核的な組織になります。生徒指導部は、生徒指導主事と各学年の生徒指導担当に加えて、教育相談コーディネーターや養護教諭、SCやSSW等から構成されます。また、定例の部会等には管理職も参加することが望まれます。

　生徒指導部の主な役割としては、生徒指導に関する企画・運営や全ての児童生徒への指導・援助、問題行動の早期発見・対応、関係者等への連絡・調整などが挙げられます。

2　生徒指導体制

　生徒指導体制とは、学校として生徒指導の方針・基準を定め、これを年間の生徒指導計画に組み込むとともに、事例研究などの校内研修を通じてこれを教職員間で共有し、一人一人の児童生徒に対して、一貫性のある指導・援助を行うことのできる校内体制を意味します。つまり、生徒指導体制とは、全ての児童生徒を対象に全校的な指導・援助を展開する体制ということになります。

　児童生徒と直接関わることが多い学級担任は、学級・ホームルーム経営を充実させたり、同僚間で相互に学び合ったりすることが求められます。教職員同士が支え合う学校環境を形成することで、校内の情報共有や生徒

指導や教育相談、進路指導等の充実が図られ、結果的に児童生徒に肯定的な影響が与えられます。

3 生徒指導体制づくりにおいて大切な三つの基本的な考え方

(1) 生徒指導の方針・基準の明確化・具体化

学校の教育目標を達成するための各々の取組について足並みを揃えるために、各学校においては「生徒指導基本指針」等を作成し、教職員によって目標が異なる実践が行われることを防止します。

生徒指導の方針・基準の作成に当たっては、学校や児童生徒の実態把握に基づいて目標設定を行うことが重要です。

(2) 全ての教職員による共通理解・共通実践

学校の教育目標として「児童生徒がどのような力や態度を身に付けることができるように働きかけるのか」という点についての共通理解を図ること、そして、共通理解された目標の下で、全ての教職員が児童生徒に対して、粘り強い組織的な指導・援助を行っていくことが重要です。実践に当たっては、児童生徒を取り巻く環境や発達段階を丁寧に理解した上で、全校的な取組を進めることが求められます。

(3) PDCAサイクルに基づく運営

PDCAサイクルでは、学校の環境、児童生徒の状況、保護者や地域の人々の願い等について聴取し、加えて、「児童生徒がどのような態度や能力を身に付けるように働きかけるか」「何を生徒指導の重点とするか」等の目標を立てます。これを基に、生徒指導計画（P：Plan）を策定し、実施（D：Do）し、点検・評価（C：Check）を行い、次年度の改善（A：Action）へとつなげます。生徒指導体制の下で進められている取組が児童生徒にとって効果的なものとなっているかを定期的に点検し続けることが重要です。児童生徒や保護者、教職員の声（アンケートの回答等）を踏まえて、不断の見直しと適切な評価・改善を行うことが求められます。

（山口豊一）

［２　生徒指導体制］

Q28
生徒指導のための研修や計画をどのように行っていけばよいでしょうか。

1　生徒指導のための教職員の研修

　生徒指導体制の充実のためには、全ての教職員が、問題意識や生徒指導の方針・基準を共有し、生徒指導を着実かつ的確に遂行することが求められます。そのための研修は、校内研修と校外研修に大別されます。

（1）校内における研修

　校内研修には、全教職員が参加する研修と、校務分掌に基づく特定の教職員が参加する研修があります。全教職員が参加する研修は、教育理念や教育方法、生徒指導の方針・基準などについての共通理解、日常的な指導のための共通基盤の形成が目的です。そのほか、生徒指導を担当する教職員によって行われる研修等があります。

（2）校外における研修

　校外研修は、主に教育委員会等によって主催されます。生徒指導を適切に行う資質や能力は、全教職員に必要であるため、初任者研修や中堅教諭等資質向上研修などに盛り込まれています。また、生徒指導主事や教育相談コーディネーター、進路指導主事など、校務分掌上の組織においてリーダーとなる教職員を対象とした研修も行われます。個々の生徒指導の力量を高めるだけでなく、生徒指導主事や教育相談コーディネーター、特別支援教育コーディネーターなどのミドルリーダーとしての資質や能力の向上を図る内容を組み込むことが重要です。

（3）生徒指導に関する研修の方向性

　生徒指導を効果的に進めるには、原因探しだけでなく、問題の本質を捉

え、バランスのとれた具体的な解決策を見いだそうとする姿勢が必要です。教職員と児童生徒は相互に影響し合うという認識を持ち、児童生徒を見るときの自分自身の視点や認識に気付くことが求められます。また、研修の方向性として、個人の職能開発だけでなく、組織学習の視点に立つことも必要です。あらゆる段階の研修において、「学び続ける教員」として、自己理解や、自らの実践や体験を批判的に問い直す姿勢を持ち続けるようにすることが大切です。個々の生徒指導の力量形成だけでなく、学校組織として取組を振り返り、組織改善を継続できる組織力の向上を図ることが目指されます。また、生徒指導上の諸課題を同僚と協働して解決していくことを通して、教職員集団の認識や行動を変化させ、結果として個人の力量形成につなげていくという視点を持つことも求められます。

2　生徒指導の年間指導計画

　生徒指導の全体計画、年間計画が作成されても、教職員が日々の活動の中で具体的に「誰が、誰に対して、何を、いつ、どのように」実践するかの共通理解が十分なされないと、生徒指導の機能が十分発揮されません。したがって、全ての学校で計画の重要な柱となる、児童生徒に指導・援助をする「時期」や「内容」を明確に記す必要があります。教職員間の共通理解のもと、統一した対応を可能にするためには、全ての教職員が参加する定期的な生徒指導に関する校内研修を実施し、共通理解を図ることが大切です。全教職員による研修は、年度初めから学校の研修計画に位置付けることが望まれます。なお、計画の中に担当者名を明記するなど、教職員一人一人が当事者意識を持てるような工夫も求められます。

（山口豊一）

[参考文献]
• 山口豊一・石隈利紀編『新版　学校心理学が変える新しい生徒指導』学事出版、2020年

Q29
生徒指導と教育相談の関わりについて教えてください。

1　目的から捉える生徒指導と教育相談の関係

　生徒指導と教育相談の関わりについて、それぞれの目的から捉えます。
　生徒指導の定義は、「児童生徒が、社会の中で自分らしく生きることができる存在へと、自発的・主体的に成長や発達する過程を支える教育活動のことである。」(新提要p.12) とされています。そして、生徒指導上の課題に対応するために、必要に応じて指導や援助を行うことが示されています。生徒指導は、教師が行う授業、学級づくり、特別活動など、児童生徒の学校生活（教育活動）の全ての時間を通して行われます。そしてそれは、全ての児童生徒の発達を支える学校生活（石隈・家近、2021）を保障することにつながります。生徒指導において発達を支えるということは、児童生徒の心理面（自信・自己肯定感等）の発達だけでなく、学習面（興味・関心・学習意欲等）、社会面（人間関係・集団適応等）、進路面（進路意識・将来展望等）、健康面（生活習慣・メンタルヘルス等）の発達を含む包括的に児童生徒の発達を捉え指導・援助することを意味します。
　教育相談の目的は、児童生徒が将来において社会的な自己実現ができるような資質・能力・態度を形成するように働きかけることについては生徒指導と共通しており、教育相談は生徒指導から独立した教育活動ではなく、生徒指導の一環として位置付けられ、その中心に位置付けられます。つまり、生徒指導と教育相談はそれぞれが独立して機能するのではなく、児童生徒の発達と社会で生きることを支えるために相補的に機能します。

2　生徒指導と教育相談の支援方法

　では、生徒指導と教育相談の特質に注目して具体的な児童生徒への支援について述べます。生徒指導も教育相談も、児童生徒理解を基盤として行いますが、生徒指導は主に集団に焦点を当て、学校行事や体験活動などにおいて、集団としての成果や発展を目指し、集団に支えられた個の変容を図ります。それに対して教育相談は、児童生徒の個別性を重視しているため、主に個に焦点を当てて、面接などを通して個の内面の変容を促します。

　例えば、授業中、教室を走り回る児童生徒に指導をするときには、授業のルールを守ることや、友人の学習を邪魔しないことなどの集団のルールを守るように指導します。学級担任は、学級が安全で安心できるものになるように学級のルールを作っており、それを守ることは全ての児童生徒を守ることにつながるからです。これは、生徒指導における発達支持的生徒指導です。一方で、学級にルールがあることは知っていても、そのような行動をするのはなぜかを理解する必要があります。授業がつまらない、分からないなどの理由がある場合や、授業の前に友人から嫌なことを言われたりする場合、睡眠が不十分、空腹などの理由から勉強に集中できない場合など、同じように見える行動でも一人一人その理由は異なります。児童生徒との面談や保護者から話を聞くことで、児童生徒の行動を理解しやすくなります。これは、児童生徒の課題に関する教育相談としての対応になります。

　不登校の子供への支援も同様で、登校できない児童生徒個人との面接や家庭訪問などを行う個別指導（教育相談）と同時に、級友の理解や学級集団を安定したものにする集団指導（生徒指導）の両面から行うことが必要です。児童生徒の問題や課題の内容で、生徒指導、教育相談というように振り分けるのではなく、どの課題でも指導と援助のバランスを取りながら進めることです。

（家近早苗）

［参考文献］
- 石隈利紀・家近早苗著『スクールカウンセリングのこれから』創元社、2021年

Q30
教育相談はどのようなチームで行っていけばよいでしょうか。

1　教育相談の体制づくり

　教育相談におけるチームは、おおまかに校内チームと学校外の専門機関等と連携したチームで捉えられます。そして、これらのチームは、課題早期発見対応が必要な場合や困難課題対応的生徒指導が必要な児童生徒への支援では重要な役割を果たします。校長のリーダーシップによるマネジメントの下で、児童生徒の問題状況や課題、支援の目的に応じて活用します（図参照）。

（1）校内チーム

　校内チームは、目的によって2種類に分類されます。

①機動的連携型支援チーム

　機動的に支援を実施するために、担任とコーディネーター役の教職員（生徒指導主事、教育相談コーディネーター、特別支援教育コーディネーター、学年主任など）を中心に構成される比較的少人数の支援チームです。個別の児童生徒の問題状況に応じて作られ、問題状況が解決すると解散するチームです（石隈・田村、2018）。児童生徒と保護者との連携が鍵を握ります。

②校内連携型支援チーム

　児童生徒理解や支援方針についての共通理解を図ることを目的とし、生徒指導主事、教育相談コーディネーター、特別支援教育コーディネーター、養護教諭、SC、SSWがコーディネーターとなり、学年主任や生徒指導主事などの各分掌の主任等を含む比較的多様なメンバーで構成される支援チームです。生徒指導部会、教育相談部会、スクリーニング会議、ケース会議などです。メンバーの専門性を活かしながら生徒指導に関する連携や協働

を促進するコーディネーションを行います。組織的な位置付けによって恒常的に情報収集と共有を行うことができるチームです（石隈・家近、2021）。

（2）学校外の専門機関等と連携したチーム

学校外の専門機関と連携するのがネットワーク型支援チームです。チーム学校では、学校内外の専門家の専門性を活かすことが強調されており、学校は専門家が連携する場として機能を果たしています。

特に緊急性の高い事態、校内だけでは対応が難しい場合には、管理職を含めたケース会議を開き、外部機関との

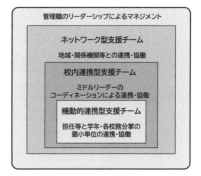

図　支援チームの携帯（新提要p.92）

連携の可能性を探ります。その際には、対応にずれが生じないように、外部との連絡や情報を一元的に管理し、チームによる守秘義務があることを前提に進めます。

2　縦と横の情報連携で行う教育相談

これらのチームは独立して活動しますが、校内全体での教育相談体制には、各チームの連携が重要です。機動的連携型支援チームでの活動や情報と、校内連携型支援チームやネットワーク型支援チームにつなぐことで、縦の情報連携を促進できます。また、校内連携型支援チームは参加者を工夫することで、横の連携につながります。支援の目的や方法などを共有することで、各チームの支援状況が学校全体の教職員に伝えられます。

（家近早苗）

[参考文献]
- 石隈利紀・田村節子著『新版　チーム援助入門：学校心理学・実践編』図書文化社、2018年
- 石隈利紀・家近早苗著『スクールカウンセリングのこれから』創元社、2021年

Q31
教育相談活動を全校的に取り組んでいくにはどのようにしたらよいでしょうか。

1　教育活動の中の教育相談

　教育相談は、①発達支持的教育相談、②課題予防的教育相談：課題未然防止教育、③課題予防的教育相談：課題早期発見対応、④困難課題対応的教育相談で整理されます。学校全体で取り組む教育相談は、すべての児童生徒を対象として行うことから、これら四つの教育相談を教育活動に取り入れることが重要です。

(1)　発達支持的教育相談

　全ての児童生徒に対するプロアクティブな教育相談には、発達支持的教育相談と課題未然防止教育があります。発達支持的教育相談は、様々な資質や能力の積極的な獲得を支援する教育相談活動です。分かる授業の展開や学校や学級を安全で安心できる場所にすることも広義の教育相談にあたります。児童生徒と保護者、担任教師による三者面談や受験前に行う面接の練習、廊下で児童生徒とすれ違う時に声をかけるチャンス面談、学級単位で取り組むソーシャル・エモーショナル・ラーニングなども人間関係を円滑にする発達支持的教育相談です。

(2)　課題予防的教育相談：課題未然防止教育

　課題未然防止教育は、全ての児童生徒を対象として、問題や課題の未然防止を目的に行われる教育相談です。例えば、いじめ防止や暴力防止のためのプログラムを、SC、生徒指導主事、教育相談コーディネーターなどが協力して企画し、担任や教科担任等を中心に実践する取組などが挙げられます。また、問題や課題の兆候が見られる特定の児童生徒を対象として

72

行われる面談も課題予防的教育相談です。

(3) 課題予防的教育相談：課題早期発見対応

　課題早期発見対応は、発達課題や教育上あるいは学校生活への適応に関して課題のある（一部の）児童生徒を早期に見つけ出し、すぐに支援を開始する教育相談です。教師やSCは、日常的に児童生徒に接することができることから、観察と関わりを通して児童生徒の変化に気付くことができます。「気になる子」には必ず声をかけ、自分以外の教師にも働きかけて、児童生徒を見守ることが児童生徒への早期の支援につながります。定期的な面接、作品やノートの活用、質問紙調査によるスクリーニングは早期発見を目指した教育相談です。

(4) 困難課題対応的教育相談

　困難課題対応的教育相談は、発達や適応上の課題のある特定の児童生徒の援助ニーズに応える教育相談です。児童生徒への支援は、基本的にチームで行います（石隈、2022）。状況により、機動的連携型支援チーム、校内連携型支援チーム、ネットワーク型支援チームを活用します（Q30参照）。児童生徒に関わる教師やSC、SSW、学校外の専門家がそれぞれの専門性を活かして継続的な支援を行います。

2　支援の目的を意識した教育相談

　教育相談は、児童生徒が将来において社会的な自己実現ができるような資質・能力・態度を形成するように働きかけます。児童生徒の発達上、教育上の課題は児童生徒の成長に伴い変化するため、常にこの目的を確認しながら、長期的な目標と短期的な目標を設定して進め、複数の教育相談を同時に行うことが重要です。

（家近早苗）

[参考文献]
• 石隈利紀編『教育・学校心理学　第2版（公認心理師の基礎と実践第18巻）』遠見書房、2022年

Q32
生徒指導における危機管理体制とはどのようなものでしょうか。

1　学校危機

　児童生徒の自己実現のためには、教職員は、学校が安全で安心な環境であるような取組をする必要があります。そのため、学校は、学校安全計画に基づき、安全教育、安全管理、組織活動の側面から、生活安全、交通安全、災害安全の3領域に実践課題を設定し、学校安全に取り組んでいます。

　そのなかで学校は、けんか、いじめ、暴力行為、授業中や課外活動中のけが、食中毒、感染症などが発生したりするので、対応が求められます。事件・事故、災害などによって、通常の課題解決方法では解決することが困難で、学校の運営機能に支障をきたす事態を「学校危機」と呼びます。

　学校危機には、学校で発生した事案だけでなく、児童生徒の個人的な事柄や地域社会における出来事からの影響を受け、緊急対応が必要な状態になる場合も含まれ、上地（2003）は、これらを「学校レベルの危機」、「個人レベルの危機」及び「地域社会レベルの危機」に分類しました。

　「学校レベルの危機」は、いじめ、校内事故、体罰、食中毒など、学校管理下の事案であり、教職員が中心となって迅速に対応にあたる必要があります。「個人レベルの危機」には、児童虐待、帰宅後の事件・事故、家族旅行中の事故、家族の死亡、性的被害、自殺、家庭の経済状況の変化など、学校管理下ではありませんが、児童生徒個人や学校での交友関係に配慮し、学級・ホームルーム担任が家庭訪問をしたり、学級・ホームルームで報告や説明をするなどの対応が必要になることがあります。個人レベルの危機が学校レベルの危機に発展することもあります。また、「地域社会

レベルの危機」では、自然災害のように多くの児童生徒が類似した危機を同時に経験する場合があり、休日や夜間であっても安否確認や居住場所、通学路の安全の確認などが必要になります。

2　危機管理を推進する体制

　学校における危機への対応として、①危機が発生しないように予防的な取組（教育、訓練、安全管理）を推進し、危機の発生を予測して回避したり、影響を緩和し、即時に対応できる体制づくりを行います（組織体制、地域との連携を想定する）。そして、②危機の発生直後の迅速な対応（学校、学級運営面、心のケア）と被害最小化に努め、さらに、③中長期の対応による回復や復旧の支援、再発防止を進める体制を整える必要があります。

　そのため、管理職は、生徒指導主事や保健主事と策定したマニュアル（危機管理マニュアル、いじめ防止基本方針など）を、必ず年度始めに全ての教職員に周知し、申し合わせ事項を確認し、教職員間で十分な理解を得て意思疎通が図られるように研修を行い、取り組む必要があります。

　危機管理の具体例として、危機発生後の緊急対応に向け、避難訓練の実施やAEDや心肺蘇生法の訓練をして備えるだけでなく、危機が発生しないように教育や訓練（ソーシャルスキル、ストレスマネジメントやSOSの出し方に関する教育など発達支持的生徒指導の取組）の実施、安全管理のための校内巡視と施設点検、気象状況のタイムラインから短縮授業や休校などの判断をして影響をできるだけ回避する対応を行います。

　また、危機発生直後に即時対応が取れるように、事前に危機対応の役割分担を決め、シミュレーション訓練を実施しておくことが大切で、危機管理マニュアルの改訂にもつながります。さらに、心のケアの知識として、チーム学校のSCやSSWから、平常時に、事件・事故、災害発生後の児童生徒の反応と対応に関する研修を受けておくとよいでしょう。（瀧野揚三）

［参考文献］
• 上地安昭編著『教師のための学校危機対応実践マニュアル』金子書房、2003年

Q33
学校危機に介入するためのポイントを教えてください。

1　リスクマネジメントとクライシスマネジメント

　リスクマネジメントは、事件・事故の発生を未然に防止し、災害の影響を回避、緩和する取組です。安全管理では、定期的に学校の施設や設備を点検し、事件や事故につながらないようにします。また、ルールやきまりの遵守の徹底などを通して、発生の防止に取り組みます。安全教育では、児童生徒が危険に気付いて回避したり、被害に遭わないように自ら判断したりする力を育成するための予防的な指導を行います。

　そして、学校は危機への対応に備える危機管理体制を整える必要があります。事件・事故、災害が潜在的で突発的な危険因子によって引き起こされ、その発生や影響を回避できなかった場合に、できる限り迅速に対応を開始し、被害を最小化するため、①危機管理マニュアルの整備、②危機対応研修、③日常の観察と未然防止教育の実施などが必要になります。

　一方、クライシスマネジメントは、事件・事故、災害発生直後に、被害を最小化し、早期の回復へ向けた取組です。学校運営と心のケアに関する迅速かつ適切な対応を継続的に実施します。実際には、①初期段階の対応、②中長期の支援、そして、③再発防止への取組を進めます。

2　介入のポイント

　全ての教職員は、学校安全計画に基づき、安全教育、安全管理、組織活動の側面から、生活安全、交通安全、災害安全の3領域で、学校が安全で

安心な環境になるように取り組む必要があります。

　リスクマネジメントでは、危機につながる危険因子に気付き、除去するために、安全管理、安全教育を実施することが求められます。

　事件・事故の発生や災害の影響を回避できなかった場合への対応を想定し、事案にできる限り迅速に対応して被害を最小化するために、学校は、学校安全計画及び危険等発生時対処要領（危機管理マニュアル）を策定し、教職員に周知します。そして、危機発生を想定した学校運営のシミュレーション訓練を実施して、危機対応の準備体制が整っているか確認します。さらに、教職員は、災害、事件・事故後の児童生徒の反応やそれへの対応についての基礎的な知識である心理教育について、平時から研修の機会を持っておくとよいでしょう。

　また、クライシスマネジメントでは、事件・事故、災害の直後に迅速に対応し、被害の最小化と安全な状況への早期回復に努めます。

　発生した災害や事件・事故により負傷者が出た場合、応急手当を行います。救命処置を開始し、119番通報とAEDの依頼をします。こういった即座の対応は、日頃からの訓練により、どの教職員でも行えるようにしておくことが求められます。状況に応じ、児童生徒を安全な場所へ移動や退避させて点呼を実施し、被害にあった児童生徒の氏名や被害の程度についての情報収集を行います。

　危機対応を開始した後には、危機の解消に向け、当日の対応、翌日以降の対応、1週間後、それ以降の中長期的な対応について検討します。心のケアを含めた心身の健康状態の確認やケアの実施も大切であり、学校の運営面の方針が定まったあとSCやSSWと協議しながら、アセスメントに基づく対応を進めます。保護者への説明会が予定される場合は、開催の規模や時間、内容について検討します。事実経過の報告、学校の対応の経過報告、今後の再発防止対策、事件・事故後の児童生徒の様子について心理教育的な説明を含める必要があります。そして、学校の日常の回復に向けて、再発防止の取組を通じ、学校の生活環境の安全・安心を確保する必要があります。

（瀧野揚三）

［5　生徒指導に関する法制度等の運用体制］

Q34
これからの校則の運用はどのように図っていくべきでしょうか。

1　校則の意義

　各学校において定められる校則にはどのような意義があるのでしょうか。新提要では、以下のように記されています。

　「児童生徒が遵守すべき学習上、生活上の規律として定められる校則は、児童生徒が健全な学校生活を送り、よりよく成長・発達していくために設けられるもの」(3.6.1　校則の運用・見直しp.101)

　校則は、言わずもがな、児童生徒の行動を制限することを目的としたものではなく、児童生徒の発達段階や学校、地域の状況、時代の変化などに照らして、各学校の教育目標の実現と児童生徒のよりよい成長・発達のために必要に応じて設けられるものです。

2　教職員の校則の理解・適切な指導

　校則を設けている学校の先生方は、自校の校則について、どのような意義があり設けられたものか、児童生徒に対して適切に説明できるでしょうか。「なぜこの校則を守らなければならないか。」という問いに対して、「校則だから。昔からあるルールだから。」という回答では理由にはなりません。

　どのような背景により校則が設けられたのか、また、児童生徒の教育活動にどのような効果をもたらすのかを、まずは教職員が理解することで、児童生徒への適切な指導・支援へつながり、背景や意義を踏まえた指導は、児童生徒が校則を積極的に守ろうとする動機付けにもつながります。

　一方で、現在の学校において、校則の意義が認められないようなものがあれば、適切に教育活動が行われるよう、見直していくことも考えられます。法律や条例が時代の変化やその時の施策方針に応じて見直されるように、学校における校則も児童生徒の状況や時代の変化、各学校の教育方針によって、絶えず見直される必要があります。

3　児童生徒が参画した校則の見直し

　校則は、最終的には学校長の権限により制定されるものですが、見直しなどの過程において、当事者である児童や生徒が参画することには教育的な意義があります。例えば、児童生徒が参画する例としては、以下のような取組があります。
・各学級で校則の見直してほしい箇所などについて議論をする
・生徒総会で校則を議題に取り上げ、生徒間で協議をする
・学校側が中心となり、学校評議員会、PTA会議、生徒会に対し、見直しが必要な事項について意見聴取をする
　（出典「校則の見直し等に関する取組事例について」（令和3年6月8日　文部科学省事務連絡）
　冒頭において校則の意義について触れましたが、児童生徒が参画しながら校則の意義を考え、議論することにも以下のような観点から、教育的意義を有するものと捉えることができます。
・校則の根拠や影響を考える機会になる
・校則の意義を理解し、自ら決まりを守ろうとする意識の醸成に資する
・身近な課題を自ら解決する、主体的に課題解決に向き合う機会となる
　校則という身近なルールは自分事として捉えやすく、主体的に意見を表明する機会となると考えられます。各学校においては、こうした教育的意義も踏まえつつ、最終的に児童生徒のよりよい成長・発達に資するものであるかを考えながら、校則と向き合っていくことが必要です。

（柾木　渉）

[5　生徒指導に関する法制度等の運用体制]

Q35
懲戒や体罰、不適切な指導とはどのようなものでしょうか。

1　懲戒、体罰

「校長及び教員は、教育上必要があると認めるときは、・・・（中略）・・・懲戒を加えることができる。ただし、体罰は加えることはできない。」

上記のとおり、学校教育法において、教育上必要があると認めるときは懲戒が認められますが、如何なる状況においても体罰は行ってはならないと明記されています（学校教育法第11条）。

それでは、「懲戒」や「体罰」などについて、具体的にはどのような場面が想定されるのでしょうか。文部科学省の通知では、以下のように参考事例が示されています。

懲　戒
退学、停学、訓告のほか、注意、別室指導、学校当番の割当てなどの**教育上必要な対応**（肉体的苦痛を伴わないものに限る）
・立ち歩きの多い児童生徒を叱って席につかせる。
・放課後等に教室に残留させる。学習課題や清掃活動を課す。

体　罰
身体に対する侵害を内容とするもの
被罰者に**肉体的苦痛を与える**ようなもの
・立ち歩きの多い生徒を叱ったが聞かず、席につかないため、頬をつねって席につかせる。
・宿題を忘れた児童に対して、教室の後方で正座で授業を受けさせ、児童が苦痛を訴えたが、そのままの姿勢を保持させた。

正当な防衛
児童生徒から**教員等に対する暴力行為**に対して、防衛のために**やむを得ずした有形力の行使**
他の児童生徒に被害を及ぼすような暴力行為に対して、これを制止したり、目前の危険を回避するために**やむを得ずした有形力の行使**
・児童が教員の指導に反抗して教員の足を蹴ったため、児童の体をきつく押さえる。
・他の児童を押さえつけて殴るという行為に及ぶ児童の両肩をつかんで引き離す。

（出典）「体罰の禁止及び児童生徒理解に基づく指導の徹底について」

（平成25年3月13日文部科学省通知）

　上記の例はあくまで参考事例であるため、指導に当たっては、対象となる児童生徒の健康や心身の発達状況、当該行為が行われた状況などを総合的・客観的に捉え、個別の状況ごとに判断することが必要になります。

2　不適切な指導

<u>不適切な指導と考えられ得る例</u>

　大声で怒鳴る、ものを叩く・投げる等の**威圧的、感情的な言動で指導**する。
　児童生徒の言い分を聞かず、**事実確認が不十分なまま思い込みで指導**する。
　殊更に児童生徒の面前で叱責するなど、**尊厳やプライバシーを損なうような指導**を行う。

　上記のように、つい過度な叱責を繰り返したり、または同僚教師がそのような指導を行っている様子を目撃したりすることがあるかもしれません（新提要p.105）。「体罰」のような行為のみならず、過度な叱責や執拗な指導などが、児童生徒のストレスや不安感を高めたり、自信や意欲の喪失につながったりすることがあります。また、それが原因で不登校になったり、心身に支障を来したりする可能性もあります。

　言うことを聞かせることが目的化して児童生徒のその後を考えずに頭ごなしに叱ってしまったり、感情に任せた指導を行ったりしないように留意することも必要です。感情的な指導になりそうな際には、一度その状況から距離を置くことも適切な指導のために必要であると考えられます。

3　組織的な指導の徹底による体罰・不適切な指導の防止

　いずれの指導場面においても、自身の指導内容とその指導を受けた児童生徒がどのように変容するのかを俯瞰して思い返してみる機会も必要です。
　そのためには、日頃の指導や懸案事項を学校内で組織的に共有しながら、指導に当たることが重要です。また、指導は一過性のものではなく、その後の児童生徒の変化に留意することが必要ですので、指導後のフォローも含めて指導方針を考えていくことが欠かせません。

（柾木　渉）

Q36
出席停止の条件や運用について教えてください。

1　出席停止制度

　出席停止は、性行不良であって、他の児童生徒の教育に妨げがあると認められる児童生徒に対して、市町村教育委員会が、当該児童生徒の保護者に対して講じる措置です。具体的には、以下のような行為が繰り返される場合において、措置される制度になります。

・他の児童（生徒）に傷害、心身の苦痛又は財産上の損失を与える行為
・職員に傷害又は心身の苦痛を与える行為
・施設又は設備を損壊する行為
・授業その他の教育活動の実施を妨げる行為

　　　　　　　　　　（学校教育法　小学校：第35条、中学校：第49条（第35条を準用））

　高等学校等において懲戒として行う停学とは異なり、公立の義務教育段階において行う出席停止は、他の児童生徒の教育の妨げとならないように措置することを目的とし、市町村教育委員会には、措置対象の児童生徒への学習に対する支援等を含めた対応が求められます（学校教育法第35条第2〜4項）。

・あらかじめ保護者の意見を聴取するとともに、理由及び期間を記載した文書を交付する
・出席停止の命令の手続に関し必要な事項は、教育委員会規則で定める
・出席停止の命令に係る児童生徒の出席停止の期間における学習に対する支援その他の教育上必要な措置を講じる

2　出席停止措置にあたっての基本的姿勢

　出席停止は、本人に対する懲戒という観点からではなく、他の児童生徒の教育を受ける権利を保障するという観点から設けられた制度です。

　他の児童生徒の心身に苦痛を与える行為が行われていたり、教育活動を妨げるような行為が繰り返し行われたりするような際に、改善を促す指導を尽くしても状況が変わらない場合などにおいて、学校の秩序を維持するため、出席停止を行使することが考えられます（出席停止の事前手続／期間中の対応／期間後の対応の具体については、新提要p.106を参照）。

　一方で、加害側の児童生徒を単に指導から切り離すことは根本的な解決にならないため、このような基本認識を持ちながら、児童生徒や各事案の状況に鑑みて、組織的にきめ細かい指導を行い、当該児童生徒のその後を考えた指導を検討していくことが必要です。

3　多面的な児童生徒理解

　生徒指導の基本は、児童生徒理解にあります。児童生徒がなぜそのような行為を行ったのか、また繰り返しているのか、児童生徒の周辺状況を理解し、行為の理由や背景を確認することが重要です。児童生徒の理解にあたっては、新提要でも示されているBPSモデル（Bio-Psycho-Social Model）のような観点から、状況把握に努めることが考えられます。
・生物学的要因：発達特性、病気など
・心理学的要因：認知、感情、信念、ストレス、パーソナリティなど
・社会学的要因：家庭や学校の環境、人間関係など
　学校の秩序維持のため、特定の行為を止めさせることのみに注力するのではなく、まずは、児童生徒の行為の背景を捉えつつ、児童生徒にとって最善かつ最適な指導方法を検討する必要があります。

（柾木　渉）

[6　学校・家庭・関係機関等との連携・協働]

Q37
学校と関係機関の連携・協働のための条件や運用について教えてください。

1　関係機関との連携・協働の意義

　学校は、公立・私立を問わず、家庭や地域の人々、公立学校であれば学校の設置管理者である教育委員会、さらには、警察や司法、福祉、医療・保健等の様々な関係機関と連携しています。児童生徒に関わる関係機関は公共機関だけでなく地域のボランティア団体やNPOなど多岐にわたり、その目的や専門性などに応じて児童生徒を支援しています。

　全ての児童生徒の成長や発達を促進するには、学校や教師の力だけでなく、教育委員会、警察や司法、福祉、医療・保健等の様々な関係機関と連携することが必要になります。チーム学校では、地域や家庭と一体となり、児童生徒を指導・支援することが強調されています。学校が多職種・多機関との連携・協働の場となり、地域にある社会資源を学校に迎え入れ、社会全体で児童生徒の学びと育ちを支えることを目指すことは、関係機関との連携によって可能になります。学校は、発達支持的、課題予防的（未然防止教育・早期発見対応）、困難課題対応的といった生徒指導の3類4層全てにおいて、関係機関との連携や協働をしながら児童生徒の発達を支える役割を担っています。

　学校、家庭と教育委員会、地域の関係機関等がそれぞれの役割や専門性を生かして連携・協働し、困難課題対応的生徒指導を継続的に行うのがネットワーク型支援チームです。特に児童生徒の自殺や性被害、児童虐待、薬物乱用等、学校や地域に重大な混乱を招く危険性のある事態が発生した場合には、学校だけで対応するのではなくネットワーク型緊急支援チームと

して危機対応に当たることが重要です。

2　関係機関との連携の留意点

　地域や自治体などにより、関係機関は異なるため、自校の児童生徒を担当する関係機関がどこにあるかを把握することです。地域にある警察や司法、福祉、医療・保健等の関係機関の場所や連絡先などは、学校での研修会などを利用して一覧やマップを作成しておくことで、関係機関等に対する教職員の関心を高めたり共通理解を促進したりすることができます。

　また、関係機関が何をするところなのか、何ができる機関なのかを理解することは、学校が何をしなければならないかを判断するための基盤となります。また、関係機関の職員が何を専門としているのかを知ることも必要です。例えば虐待などの場合は児童相談所が関わりますが、学校は気になる行動をする児童生徒について日々の観察を通して虐待の可能性がないかどうか早期に発見する役割を担っており、事実を確認した場合は児童相談所・市町村に通告します。その後の児童生徒の援助は児童相談所と協力して進め、情報の共有と行動連携をすることも学校の役割です。

　そしてさらに必要なことは、児童生徒の課題への指導や援助として学校では何ができて何が限界なのかを明確にすることです。そのため、地域や学校の実情に合わせた生徒指導基本方針や生徒指導マニュアル等で、地域に存在する関係機関等の役割や権限、連携方法などについて明記し、教職員間で共通理解しておくことが大切です。

　関係機関との連携は児童生徒の問題を学校外の機関に委ねるのではなく、自校の児童生徒であるという認識を持って、学校は児童生徒への支援において何ができるのか、何ができないのかを明確にすることが必要になります。それまでに学校がどのような支援をしてきたか、児童生徒や保護者に関する情報を整理して伝える工夫は、学校外の機関との連携には必須であると言えます。

（家近早苗）

[6　学校・家庭・関係機関等との連携・協働]

Q38
関係機関にはどのようなものがあるのでしょうか。

　学校と協力して児童生徒の発達支援をする主な機関は、教育関係、警察・司法関係、福祉関係、医療・保健関係で整理できます。

(1) 教育関係の機関

①教育委員会　教育委員会は公立学校の設置管理者であり、生徒指導に関する連携は、教育委員会の「義務教育課」や「学校指導課」等の生徒指導担当の指導主事を中心に行われます。特に、いじめの重大事件や学校の荒れへの対応などは学校をサポートし、協力して行います。

②教育支援センター（適応指導教室）　教育支援センターは、教育委員会や首長部局に設置された、不登校児童生徒への支援を行うための機関です。主に市町村教育委員会によって設置され、社会的自立に向けて、児童生徒の在籍校と連携しながら学校生活への復帰も視野に入れた支援を計画的に行います。

③弁護士（会）　各都道府県や政令指定都市などには、教育行政に関与する弁護士の配置が進められており、いじめや虐待の事案のほか、保護者や地域住民の学校や教育委員会への過剰な要求や学校事故への対応など、法務の専門家への相談ができます。

(2) 警察・司法関係

　非行関係の児童生徒の問題と関連するのが警察・司法関係の機関です。

①警察　少年サポートセンターや警察署（生活安全課、少年相談係など）、スクールサポーター（警察官OBなど）は、児童生徒を加害者にも被害者にもしないための重要なパートナーと言えます。

②法務少年支援センター　少年矯正施設である少年鑑別所のリソースを活用して、学校関係者や、関係機関などの依頼に応じて、児童生徒の心理や

性格面のアセスメント等を行います。その支援は、非行や犯罪行為の他、保護者との関係、交友関係など多岐にわたります。学校を訪問して法教育に関する授業も実施し、要保護児童対策地域協議会などのネットワークにも参画しています。

③保護司・更生保護サポートセンター　保護司は、民間ボランティアとして、保護観察所の保護観察官と協働しながら、非行や犯罪をした人の生活状況の見守り等の保護観察や、刑務所・少年院に入っている人の立ち直りに向けた支援をしています。保護司の活動は「更生保護サポートセンター」を拠点として行います。

(3) 福祉関係

　児童相談所は、虐待や非行など保護や支援が必要な児童生徒の相談と措置を行います。市町村相互間の連絡調整、情報提供、相談、調査、精神保健上の判定と専門的な指導や措置、一時保護等の業務が挙げられます。

　市町村の虐待対応担当課は、児童虐待通告や保護者の育児不安に対する相談、「要保護児童対策地域協議会」の調整機関としての役割を担います。

(4) 医療・保健関係

　障害などの特別な支援を要する児童生徒への気付きや特性の理解、合理的配慮、状態像を踏まえた適切な指導や支援を計画・実施していく上で、必要なのが、医療・保健機関との連携です。地域の医療機関や保健所・保健センターなどがあります。

(5) NPO法人

　特定非営利活動促進法に基づき特定非営利活動を行うことを主たる目的に設立され、地域に根差した様々な支援を提供しています。

　以上述べたように、学校がある地域には関係する機関があります。児童生徒の問題が起こる前に、これらの機関を知っておくことが重要です。

（家近早苗）

第2部

個別の課題に対応する
指導と支援

Q39
いじめ対応に関して押さえておくべき法規について教えてください。

1　『いじめ防止対策推進法』の成立の意義と法の目的

　2011年に発生したいじめ自殺事件を契機に成立した『いじめ防止対策推進法』（2013年9月施行、以下、法）について、新提要では、「いじめ防止に社会総がかりで取り組む決意を示すと同時に、いじめが児童生徒の自浄作用や学校の教育的指導に頼るだけでは解決が難しいほどに深刻化し、制御のために法的介入が行われることになった」ものと捉え、「学校におけるいじめ対応に大きな転換を迫るものである」（新提要p.121）との認識に立つことを求めています。つまり、学校を閉鎖的でない社会に開かれた場にすることと、教職員が法の正しい理解に基づいていじめへの適切な対応を行うことの必要性が指摘されていると言えます。

　さらに、法の第1条を踏まえて、法の目的は「児童等の尊厳を保持するため、いじめの防止等のための対策を総合的かつ効果的に推進すること」にあるとしたうえで、「いじめは、相手の人間性とその尊厳を踏みにじる『人権侵害行為』であることを改めて共通認識し、人権を社会の基軸理念に据えて、社会の成熟を目指す」（p.121）ことが究極の目標であると明記されています。

2　法のいじめの定義の共通理解の重要性

　法の第2条には「この法律において「いじめ」とは、児童等に対して、当該児童等が在籍する学校に在籍している等当該児童等と一定の人的関係

にある他の児童等が行う心理的又は物理的な影響を与える行為（インターネットを通じて行われるものを含む）であって、当該行為の対象となった児童等が心身の苦痛を感じているものをいう」と規定されています

　このいじめの定義は、いじめを判断する場合に、行為（何が行われたか）だけを見ていても、それがいじめであるかどうか判断することはできないという発想に基づき、行為の様相から傷つきの度合いを見るのではなく、児童生徒の傷つきから行為を見るという「いじめられている児童生徒の主観を重視した」（新提要p.122）視点に立つことを求めています。いじめの重大性の程度を、加害行為の質や量によって判断する（例えば、悪口ぐらいはよいが暴力は駄目、一回二回ならよいが度重なると駄目、等々）傾向が未だにみられることに、警鐘を鳴らしていると捉えることができます。

　このことは、『新提要』で、『児童の権利に関する条約』（1989）や『こども基本法』（2022）に基づいて、児童生徒の権利保障や児童生徒支援の視点に立つ生徒指導が目指されていることと重なるものと言えるでしょう。

3　法が求める教職員のいじめ対応の姿勢

　したがって、教職員には、あくまでもいじめを受けている側に視点を置き、被害者固有の傷つきを感じとろうとする姿勢と認知することができる感度の高さが求められることになります。対応にあたっては、法の広範ないじめの定義は「いじめが潜んでいる対象と内容の範囲を最大化し、いじめが深刻化する危険（リスク）を最小化する」というリスクマネジメントのためにあるということを教職員間で共通理解し、「たとえ空振りであってもよい」という前提に立って、どのようないじめ（いじめにつながるもの）も見逃さないという姿勢を共有することが求められます。

　加えて、教職員がいじめに関する情報を抱え込み、対策組織に報告を行わないことは法第23条第1項の規定に違反し得ることから、いじめに気付いたら教職員間での情報共有を徹底することが不可欠です。

（新井　肇）

[１　いじめ]

Q40
新提要が求めるいじめ対応のポイントは何ですか。

1　いじめをめぐる現状といじめ防止対策の方向性

　2021年度のいじめの認知件数は、小・中・高を合わせて６万5351件と過去最多に上りました（文部科学省、2022）。この数字は、いじめの深刻な状況が続いていることを示す一方で、どのようないじめも見逃さないという意識が教職員間に浸透してきた結果としてみることができます。いじめ防止において重要なのは、早期に認知し解消することであり、目指すべきは、「いじめゼロ」ではなく、「いじめ見逃しゼロ」であると言えます。

　問題なのは、同年度のいじめの重大事態が705件（うち、生命、心身又は財産に重大な被害が生じた疑いのある事案は349件）にも上り、いじめを背景とする自殺等の深刻な事態の発生が後を絶たないことです。

　『新提要』では、重大事態を引き起こさないために、「法の定義に則り積極的にいじめの認知を進めつつ、教職員一人一人のいじめ防止のための生徒指導力の向上を図る」とともに、次の段階として、「①各学校の『いじめ防止基本方針』の具体的展開に向けた見直しと共有、②学校内外の連携を基盤に実効的に機能する学校いじめ対策組織の構築、③事案発生後の困難課題対応的生徒指導から、全ての児童生徒を対象とする発達支持的生徒指導及び課題予防的生徒指導への転換、④いじめを生まない環境づくりと児童生徒がいじめをしない態度や能力を身に付けるような働きかけを行うこと」（新提要p.120）が求められています。

2　「チーム学校」としてのいじめ防止対策組織の構築

　法第22条で、「当該学校の複数の教職員、心理、福祉等に関する専門的な知識を有する者その他の関係者により構成されるいじめの防止等の対策のための組織を置くものとする」と規定されています。しかし、効果的に機能していないケースも見られることから、「学校内外の連携に基づくより実効的な組織体制を構築すること」(新提要p.125)が求められています。

　いじめは、見えにくくなればなるほど深刻化します。いじめが見え隠れしはじめたときに、問題を特定の学級や学年、部活動等のこととしてとどめるのではなく、個々の教職員の気付きを共有して早期対応につなげられるよう、情報共有の方法やルートを明確に示すことが必要です。

　情報を交換し、知恵を出し合って問題に取り組んでいくには、情報を「可視化」することが不可欠です。対応のプロセスにおいて、アセスメントシート等を活用して情報や対応方針の「見える化」を図り、具体的な動きを教職員間で共通理解することが望まれます。加えて、学校に、「『無知、心配性、迷惑と思われるかもしれない発言をしても、この組織なら大丈夫だ』と思える、発言することへの安心感を持てる状態（心理的安全性）をつくり出すこと」(新提要p.127)が不可欠です。いじめ防止について、どの立場の、どの年齢のメンバーも対等に意見やアイディアが出し合えることが、組織を協働的で実効的なものとして機能させる基盤になると考えられます。

　また、『新提要』では、いじめの防止を「社会総がかり」で進める上で、「学校だけで抱え込まずに、地域の力を借り、医療、福祉、司法などの関係機関とつながること」(p.138)の重要性が指摘されています。そのためには、教職員と多職種の専門家との間で、日頃から「顔の見える関係」が築かれ、専門性に関して相互に理解し尊重し合うことが必要です。

　いじめ問題への対応においては、一つひとつの事象に丁寧に向き合う教職員の姿勢と、アセスメントに基づく組織的対応を可能にする多職種間の連携・協働が不可欠であると言えるでしょう。　　　　　　　　　　（新井　肇）

> [1　いじめ]
> # ▶ Q41
> # 生徒指導の4層構造の観点からどのような取組をすればよいですか。

1　いじめ対応の重層的支援構造

　法第8条において、学校及び学校の教職員は、①いじめの未然防止、②早期発見、③適切かつ迅速な対処を行うことが責務であると規定されています。この「未然防止」→「早期発見」→「対処」という対応のプロセスは、生徒指導の4層構造と重なるものと言えます。

　『新提要』には、いじめ防止につながる日常の教育活動、及び未然防止教育から、予兆への気付き、いじめ発生時、発生後の対応まで、段階ごとに取組の方向性と具体的内容、留意点などが詳しく示されています。生徒指導実践を構造的に（「2軸3類4層の重層的支援構造」）捉えることにより、個人の経験や勘に頼るいじめ対応から、理論に裏付けられ、見通しを持ったいじめ対応への転換が可能になると考えられます。

2　4層構造に基づいたいじめ防止のための具体的取組

①「発達支持的生徒指導」：全ての児童生徒を対象に、人権教育や市民性教育、法教育などを通じて、「他者を尊重し、互いを理解しようと努め、人権侵害をしない人」に育つように働きかけます。
②「課題未然防止教育」：道徳科や学級・ホームルーム活動等において法や自校のいじめ防止基本方針の理解を深めるとともに、「いじめをしない態度や能力」を身に付けるための取組（ロールプレイや事例協議など）を行います。

③「課題早期発見対応」：日々の健康観察、アンケート調査や面談週間を実施するなどして、いじめの兆候を見逃さないようにし、早期発見に努めます。予兆に気付いた場合には、被害（被害の疑いのある）児童生徒の安全確保を何よりも優先した迅速な対処を心がけると同時に、学校いじめ対策組織へ状況を報告し、対応方針を決定します。

④「困難課題対応的生徒指導」：継続的な指導・援助が必要な場合には、丁寧な事実確認とアセスメントに基づいて、いじめの解消に向けた適切な対応を組織的に進めます。保護者とも連携し、被害児童生徒の安全・安心を回復するための支援と心のケア、加害児童生徒への成長支援も視野に入れた指導、両者の関係修復、学級の立て直しなどを目指します。

3　発達支持的生徒指導としてのいじめ防止対策への転換

『新提要』においては、特定の児童生徒に焦点化した事後指導から、先手を打って全ての児童生徒の成長発達を支える生徒指導へと重点を移すことが目指されています。いじめに即して言えば、「いじめられる子どもを守る」という視点にとどまらず、「全ての子どもがいじめをしない人に育つことを支える」という視点に立つことに他なりません。そのためには、教職員が、いじめの加害者の心理やいじめが生まれる構造を理解した上で、全ての児童生徒が人権意識を高め、共生社会の一員としての市民性を身に付けるように働きかけることが求められます。

『新提要』では、「成長支援という視点に立って、いじめる児童生徒が内面に抱える不安や不満、ストレスなどを受け止めるように心がけること」（新提要p.136）の重要性が指摘されています。いじめの加害者に対して、行為を糾弾し厳しく指導するだけでなく、丁寧な内面理解に基づくアセスメントを行うことが不可欠です。

学校・家庭・地域が、加害者の「成長発達を支える」という視点を共有することが、いじめ防止対策の実効性を高める鍵になると思われます。

（新井　肇）

Q42
暴力行為に関して押さえておくべき法規について教えてください。

1　暴力行為に関連する法律

(1) 刑法

　まず押さえておくべき法律には「刑法」があります。ここには、暴力行為をすると刑罰の対象になるということが書いてあります。刑罰の対象になるということは、児童生徒の場合、少年法上の「非行少年」として家庭裁判所による処分の対象になるということです（Q45参照）。

　例えば、刑法第204条は「傷害罪」に関するものであり、「人の身体を傷害した者は、15年以下の懲役又は50万円以下の罰金に処する」と規定しています。これは、もしも他人に暴力をふるってケガをさせたら、刑務所に入ったり、罰金を支払ったりという刑罰に処せられる可能性があることを示すものです。

　また、刑法第208条は「暴行罪」ついて、「暴行を加えた者が人を傷害するに至らなかったときは、2年以下の懲役若しくは30万円以下の罰金又は拘留若しくは科料に処する」と規定しています。つまり、他人に暴力をふるった場合、相手がケガをしなくても罪になる可能性があるということです。拘留は1日以上30日未満の身柄拘束が、科料は千円以上1万円未満の納付義務が、それぞれ生じるものであり、いずれも刑罰の一種です。

　さらに、刑法第261条は「器物損壊罪」について、「他人の物を損壊し、又は傷害した者は、3年以下の懲役又は30万円以下の罰金若しくは科料に処する」と規定しています。暴力によって他人の物を壊したり、傷つけたりした場合にも、罪に問われる可能性が出てきます。

(2) その他の法律

　近年、刃物を携帯して登校した児童生徒が、その刃物を使って暴力行為に及ぶ例が見られますが、刃物携帯行為を罰する法律に、「銃砲刀剣類所持等取締法」があります。その第22条は、正当な理由がある場合を除いて、刃体の長さが6センチメートルを超える刃物を携帯してはならないとしており、これに違反すると、2年以下の懲役又は30万円以下の罰金に処せられる可能性があります。もちろん、工作や調理実習のために必要な刃物を携帯して登校する場合は「正当な理由がある」ということになりますが、例えば、何となく護身用にと持ち歩くことは正当な理由には当たりません。

　また、刃体の長さが6センチメートルを超えない刃物であっても、「軽犯罪法」第1条2号により、正当な理由がなくて刃物を隠して携帯していた場合には、拘留又は科料に処せられる可能性があります。

2　暴力行為が起こった場合の対応（文部科学省の局長通知）

　上記のとおり、暴力行為は通常は犯罪（児童生徒の場合は非行）に当たるため、暴力行為が起こった場合には、警察等の関係機関との連携が学校の一つの対応課題となります。暴力行為が起こった状況や発生した被害の状況は様々と思われ、まずは学校が事態を把握することが重要ですが、警察に相談・通報する場合には、早急にそれがなされる必要があります。

　この点、2007年発出の文部科学省初等中等教育局長通知「問題行動を起こす児童生徒に対する指導について」では、学校は、「いじめや暴力行為等に関するきまりや対応の基準を明確化したものを保護者や地域住民等に公表し、理解と協力を得るよう努め、全教職員がこれに基づき一致協力し、一貫した指導を粘り強く行う」ことをした上で、「問題行動の中でも、特に校内での傷害事件をはじめ、犯罪行為の可能性がある場合には、学校だけで抱え込むことなく、直ちに警察に通報し、その協力を得て対応する」ことに留意するよう通知しています。

（押切久遠）

［2　暴力行為］
Q43
新提要が求める暴力行為への対応のポイントは何ですか。

1　暴力行為への対応の留意点

　暴力行為への対応においては、全教職員の共通理解に基づき、未然防止や早期発見・早期対応の取組、家庭・地域社会等の協力を得た地域ぐるみの取組を推進するとともに、関係機関と連携し、生徒指導体制の一層の充実を図ることが求められます。そこで重要となるのが、暴力行為に関する対応指針の確認と学校における組織体制の確立です。

2　暴力行為に関する対応指針

　暴力行為のない学校づくりに関しては、文部科学省が設置した研究会による「暴力行為のない学校づくりについて（報告書）」（2011年）が参考になります。この報告書は、①「暴力行為が発生する学校」を「落ち着いた学習環境」に改善するための基本的な考え方、②早期発見、早期指導・対応の実際、③家庭・地域・関係機関等との連携、④学校種間の連携について詳細に論じています。

　暴力行為などの問題行動を起こす児童生徒に対する指導に関しては、2007年に発出された文部科学省初等中等教育局長通知「問題行動を起こす児童生徒に対する指導について」を参照する必要があります。そこでは、「学校の秩序を破壊し、他の児童生徒の学習を妨げる暴力行為に対しては、児童生徒が安心して学べる環境を確保するため、適切な措置を講じることが必要」とし、生徒指導の充実とともに、十分な教育的配慮の下で、出席停

止や懲戒など、毅然とした対応を行うことの重要性が指摘されています。

3 学校における組織体制の確立

暴力行為への対応においても、一人一人の教職員に深い児童生徒理解力が求められるとともに、育成を目指す児童生徒像や指導の考え方を学校全体で共有し、関係機関との適切な連携の下、全校的な指導体制を確立することが必要です。

その確立のためには、例えば、①対応のための組織（既存の生徒指導部で対応する場合、より拡大したプロジェクトチームで対応する場合）や教職員個々の役割を決めておくこと、②全教職員が共通理解を持てるよう、年度当初に対応の基本を準備することやそれをマニュアル化したものを作成すること、③研修や日々の打合せで教職員が生徒指導の方法や考え方を共有できるようにし、指導体制（校内連携型支援チーム）を整備することなどが考えられます。

また、校長の方針などを踏まえ、生徒指導主事のリーダーシップの下に、①年間指導計画の立案・推進、②生徒指導部会の定期的開催及び校内の教職員との連絡・調整、③生徒指導に関する研修の推進、④学級・ホームルーム担任への支援、⑤児童生徒の個別の指導資料の作成・保管、⑥関係機関等との連絡・調整及び緊急事態への対応といった取組を進めることも重要です。

さらに、教育効果を高めるには、体制や取組を不断に見直し、改善することが大切です。見直しを行うためには、教職員が行う内部評価に加え、児童生徒や保護者、学校運営協議会委員をはじめとする地域住民、関係機関などの多様な意見を取り入れた評価を行うことが求められます。

（押切久遠）

[2　暴力行為]

Q44
生徒指導の４層構造の観点からどのような取組をすればよいですか。

1　暴力行為の防止につながる発達支持的生徒指導（第1層）

　この層では、日常の教育活動を通じて、児童生徒が「他者を思いやり、傷つけない人」に育つことを意識した校内の雰囲気づくりや働きかけを行います。暴力行為に関する生徒指導を行う前提としてまず大切なのは、模倣されるような暴力行為のない、暴力行為を許容しない学校の雰囲気づくりです。また、児童生徒が暴力行為をしない人に育つ上で重要なのは、人への思いやり、助け合いの心、コミュニケーションの力を育む教育や日頃の働きかけです。具体的な方法としては、道徳教育、人権教育、法教育、情報モラル教育などや、コミュニケーション力の向上につながる日々の挨拶、声かけ、対話などが考えられます。

2　暴力行為の未然防止教育（第2層）

　この層では、暴力防止などをテーマとする教育を行います。①道徳科や特別活動などの時間と関連を図り、教職員が、暴力や非行をテーマとした授業を行うこと、あるいは、②外部の講師を招いて、暴力防止、非行防止などに関する講話を行うことが考えられます。

　その際に、児童生徒に伝えたい重要なこととしては、①暴力行為や正当な理由もなく刃物を携帯する行為は原則として非行であり、警察による捜査や家庭裁判所による処分の対象になる可能性があること、②暴力行為が、それを受けた人に深刻な影響を与えることなどがあります。

3 暴力行為の前兆行動の早期発見・早期対応（第3層）

この層では、暴力行為の前兆行動とも言える粗暴な発言や振る舞い、ま
だ暴力を伴わないいじめなどについて、早期に発見し対応します。児童生
徒の行動や学校・学級・ホームルーム全体の雰囲気を注意深く観察するこ
とに加えて、早期発見・早期対応のために必要なのは、アセスメントの充
実です。アセスメントにおいては、児童生徒について、発達面はもちろん、
学習面、進路面、健康面、心理面、社会面（交友面）、家庭面を多面的に
見ていきます。早期対応に当たって重要なのは、児童生徒の話をよく聴く
ということです。児童生徒の話をよく聴いた上で、介入が必要と認められ
る場合には、学習支援や進路指導の強化、保護者への働きかけ、児童生徒
間の関係の調整、関係機関への相談、医療や福祉へのつなぎなど、チーム
学校として指導・援助を行います。

4 暴力行為が発生した場合の対応（第4層）

この層では、暴力行為が発生した場合に、緊急対応、暴力行為の被害を
受けた児童生徒や教職員のケアと回復支援、暴力行為に及んだ児童生徒へ
の指導などについて、関係機関・団体との連携を強化し対応します。

暴力行為が発生した場合、まずは暴力行為の被害を受けた児童生徒等の
手当てと周囲の児童生徒等の安全確保を行う必要があります。状況によっ
ては救急や警察にすぐ通報しなければなりません。被害を受けた児童生徒
等のケアと回復支援に関しては、医療機関、警察、民間の被害者支援団体
などとの連携が考えられます。そして、暴力行為に及んだ児童生徒への立
ち直りを目指した指導に関しては、少年非行に関係する機関・団体などと
連携してネットワーク型の支援チームを組織し、学校内外の知恵を集め、
力を合わせて指導・援助に当たることが考えられます。

（押切久遠）

```
                                              ［3　少年非行］
▶
 Q45
 少年非行に関して押さえておくべき法規について
 教えてください。                              ◀
```

1　少年法

　まず押さえておくべき法律に「少年法」があります。少年法上の「少年」
とは、20歳未満の者を指し、「非行少年」とは、犯罪少年（14歳以上20歳
未満で、犯罪をした少年）、触法少年（14歳未満で、刑罰法令に触れる行
為をした少年）、ぐ犯少年（18歳未満で、正当な理由がなく家庭に寄りつ
かないなどの事由があり、将来犯罪や触法に至るおそれのある少年）の三
つの少年を指します。18歳・19歳は、犯罪少年の中でも「特定少年」とし
て、18歳未満の犯罪少年とは異なる扱いを受けます。

　触法少年や14歳未満のぐ犯少年については、児童福祉法上の措置が優先
されますが、その他の非行少年の多くは、警察から検察官を経て家庭裁判
所に送られ、そこで家庭裁判所調査官による調査や裁判官による審判を受
けることとなります。

　家庭裁判所に送られた少年の相当数は、「審判不開始」や「不処分」と
されて手続きが終わりますが、非行を繰り返していたり、非行の内容が重
大であったりした場合などは、審判の結果、「保護観察」や「少年院送致」
などの保護処分となることがあります。また、20歳以上の者と同様に刑事
処分とすることが相当と認められる場合には、検察官に送致（いわゆる逆
送）されることがあります。

　なお、審判を行うために必要があるときは、観護措置として少年鑑別所
に送致されることがあり、保護処分決定のために必要であるときは、家庭
裁判所調査官による「試験観察」に付されることがあります。つまり、少

年鑑別所に収容されていたり、試験観察を受けていたりする段階は、まだ家庭裁判所による処分が決まる前の段階ということになります。

　保護処分の中でも保護観察に付された場合、少年は、通常の社会生活を送りながら、保護観察所の保護観察官や民間ボランティアである保護司の指導・支援を受けることとなります。少年院送致となった場合は、少年院に収容され、一定期間の矯正教育を受けることとなりますが、ほとんどの少年は仮退院して、仮退院の期間中保護観察に付されることとなります。これらに関連する法律としては、「更生保護法」や「少年院法」などがあります。

2　児童福祉法

　14歳未満の非行少年は、児童福祉法上の措置が優先され、児童相談所長等から家庭裁判所への送致があった場合に限り、家庭裁判所の審判に付されます。児童福祉法は、18歳未満の者を対象とする児童の福祉に関する基本法です。そのため、18歳未満の少年であれば、家庭裁判所が、児童福祉法上の措置を相当と認めて、児童相談所長等に送致する場合があります。

　児童福祉法においては、非行のある児童で家庭環境等に問題のあるケースなどを「要保護児童」とし、「要保護児童対策地域協議会」の対象とするほか、児童相談所において、一時保護、通所指導、児童福祉施設への入所措置などを行うことができることとしています。

　児童福祉施設の中でも、「児童自立支援施設」は、不良行為をなし又はなすおそれのある児童などを入所又は通所させ、指導や自立支援を行う施設です。入所径路の多くは、児童福祉法上の措置ですが、家庭裁判所が決定する保護処分として、施設に送致される場合もあります。

　なお、少年法、児童福祉法等以外に、少年非行に関する重要な法規として、「少年警察活動規則」がありますが、これについては、Q47において述べます。

（押切久遠）

[3　少年非行]

Q46
新提要が求める少年非行への対応のポイントは何ですか。

1　少年非行への対応の留意点

　非行の定義と非行が起こった場合の手続きを正確に理解し、適切な事実の把握と記録を前提に対応することが求められます。また、非行に関する様々な関係機関が持つ権限を理解して、効果的な連携を図ることが重要です。他の個別課題と同様に、児童生徒に対する理解と保護者との協働を大切にしながら、生徒指導を行います。

2　少年非行への視点・対応の基本

　少年非行の背景は多様であり、新提要においては、発達的観点や家族関係的観点から児童生徒を理解し、対応するために、①初発年齢の早い非行、②低年齢から繰り返される非行、③思春期・青年期の非行といった特徴的な類型について説明しています。
　また、少年非行への対応においては、①正確な事実の特定、②聴取場面の設定やオープン質問の重要性等に留意した児童生徒からの聴き取り、③時系列を追った正確な記録、④非行の背景を考えた指導、⑤被害者を念頭においた指導、⑥非行の未然防止と早期発見・早期対応の視点、⑦非行防止につながる発達支持的生徒指導の考え方などが基本であるとしています。

3　関係機関等との連携体制

　学校が少年非行に関して連携する機関等としては、市町村、児童相談所、警察署、少年サポートセンター、家庭裁判所、少年鑑別所（法務少年支援センター）、保護観察所、少年院、医療機関など様々な所が考えられます。

　非行の未然防止という点からは、警察署、少年サポートセンター、法務少年支援センター、民間ボランティアである保護司等と連携して、非行防止教室、被害防止教室、薬物乱用防止教室などを行うことが考えられます。

　また、学校警察連絡協議会、要保護児童対策地域協議会、学校と保護司会の協議会、スクールサポーターによる巡回、少年サポートセンター等による相談活動などの機会も、非行の未然防止や早期発見・早期対応につながります。

　少年非行が事件として扱われる場合、警察署や家庭裁判所等の関係機関との連携が生じます。家庭裁判所では、主に家庭裁判所調査官が調査に当たり、学校に対し、児童生徒の状況について照会をしてくることがあります。このとき、学校としての意見や相談があれば、家庭裁判所調査官等に連絡をとることができます。審判への立ち会いや少年鑑別所での面会ができるのか等について、問い合わせることも可能です。

　児童生徒が、家庭裁判所の決定により保護処分となった場合には、保護観察所や少年院との連携の可能性があります。保護観察中、児童生徒は、例えば自宅から学校に通うなど通常の社会生活を送りながら、保護観察官と保護司の指導・支援を受けることとなります。少年院送致となれば、児童生徒は、一定の期間少年院に収容され、矯正教育を受けることとなります。矯正教育を受けた日数については、指導要録上出席扱いとすることができます。少年院に送致された児童生徒のほとんどは仮退院し、仮退院の期間が終わるまで社会内で保護観察に付されます。

　以上のとおり、少年非行に関しては多様な関係機関等と連携する可能性があり、連携の重要性を意識しつつ生徒指導に当たる必要があります。

（押切久遠）

Q47
不良行為（喫煙や飲酒）への取組のポイントは何ですか。

1　非行と不良行為（喫煙、飲酒等）との違い

　少年法上の「非行少年」に当たるのは、犯罪少年、触法少年、ぐ犯少年ですが（Q45参照）、この非行少年とは別の概念として「不良行為少年」があります。

　この不良行為少年を「非行少年には該当しないが、飲酒、喫煙、深夜はいかいその他自己又は他人の徳性を害する行為をしている少年」と定義しているのが、国家公安委員会規則である「少年警察活動規則」です。警察は、この規則に基づいて、不良行為少年に対する注意・助言・指導などの「補導」や、保護者への連絡を行います。

　非行と不良行為の大きな違いは、窃盗、傷害、器物損壊、銃砲刀剣類所持等取締法違反、道路交通法違反などの非行をした少年が家庭裁判所に送られる可能性があるのに対し、喫煙、飲酒などの不良行為をした少年は、その行為のみをもって家庭裁判所に送られることはないということです。

　これは、20歳未満の者の喫煙と飲酒は、「二十歳未満ノ者ノ喫煙ノ禁止ニ関スル法律」と「二十歳未満ノ者ノ飲酒ノ禁止ニ関スル法律」により禁止されているものの、これらの法律には、喫煙や飲酒をした本人を処罰する規定がないため、法律に違反しても本人が罪に問われることはないからです（相手が20歳未満であることを知りながらたばこやお酒を販売した者などに対する罰則はあります）。

　しかし、児童生徒による喫煙や飲酒は、大麻、麻薬、覚醒剤などの規制薬物の乱用の入り口となりやすいことから、たばこやアルコールはゲート

ウェイ・ドラッグとも呼ばれます。何よりも、喫煙や飲酒という一線を越えることによって、非行という次の一線を越えやすい心理状態が作られます。そのため、生徒指導において喫煙や飲酒を防止することは、児童生徒の健康を守り、非行を防ぐことに大きくつながるのです。

2　喫煙や飲酒への対応

　新提要においては、喫煙、飲酒、薬物乱用への対応を記述していますが、ここでは喫煙と飲酒に絞って取り上げます。

　喫煙や飲酒に関する未然防止教育は、体育科・保健体育科において取り組むこととなっていますが、特別活動、道徳科、総合的な学習（探求）の時間などの学校教育活動全体を通じても取り組むことが大切です。指導に当たっては、喫煙や飲酒の危険性・有害性に関する理解を図るのみならず、好奇心、投げやりな気持ち、過度のストレスといった心理状態や、断りにくい人間関係、宣伝・広告、入手しやすさといった社会環境などによって喫煙や飲酒が助長されるため、それらの心理状態や社会環境に適切に対処する必要があることについても理解を図ることが重要です。

　早期発見・早期対応のためには、①喫煙や飲酒から児童生徒を守るための方針や対策などを決定し、全教職員に共通理解が図られること、②喫煙や飲酒に対する方針や具体的な指導方法などについて、保護者に周知徹底し、その協力を得られるようにすること、③喫煙や飲酒に関する児童生徒の悩みなどを積極的に受け止めることができるよう、教育相談体制を確立すること、④喫煙や飲酒の問題が起きたときに、速やかに適切な対応をとることができるよう、指導の方針と体制が確立されていることが大切です。

　未然防止教育、早期発見・早期対応、喫煙や飲酒が常習化した場合の対応のいずれにおいても、不良行為を防ぐという観点からの警察との連携や、心身の健康を守るという観点からの医療機関との連携など、関係機関等と協力した取組が求められます。

（押切久遠）

［4　児童虐待］

Q48
児童虐待に関して押さえておくべき法規について教えてください。

1　児童福祉法の目的・理念

　児童虐待について理解する前に、まず「児童」に目を向けたいと思います。児童とは小学生を指すのではなく、0歳から18歳、障害などがあると20歳までを示します。これは児童福祉法の基本視座です。この児童福祉法は、1947年に発布され幾度かの改正があり、2022年6月に大きく見直されました。

　第1条「全て児童は、児童の権利に関する条約の精神にのっとり、適切に養育されること、その生活を保障されること、愛され、保護されること、その心身の健やかな成長及び発達並びにその自立が図られることその他の福祉を等しく保障される権利を有する」。

　第2条「全て国民は、児童が良好な環境において生まれ、かつ、社会のあらゆる分野において、児童の年齢及び発達の程度に応じて、その意見が尊重され、その最善の利益が優先して考慮され、心身ともに健やかに育成されるよう努めなければならない」（以下略）。

　第3条「前2条に規定するところは、児童の福祉を保障するための原理であり、この原理は、すべて児童に関する法令の施行にあたって、常に尊重されなければならない。」（下線は引用者）。

　上記の下線のように、児童は慈しまれ保護される対象であり、自立を支援され、生活の主体として育てられ、たとえどこにいても自身の意思や意見表明と最善の利益が保障されるものです。こうした児童の福祉は、学校の教育目標においても尊重されるべきものです。

2　児童虐待の防止等に関する法律

　この法律は2000年に公布され、前述の改正児童福祉法と連動し2022年に改正されました。その第5条には、「学校、児童福祉施設、病院、都道府県警察、婦人相談所、教育委員会、配偶者暴力相談支援センターその他児童の福祉に業務上関係のある団体及び学校の教職員、児童福祉施設の職員、医師、歯科医師、保健師、助産師、看護師、弁護士、警察官、婦人相談員その他児童の福祉に職務上関係のある者は、児童虐待を発見しやすい立場にあることを自覚し、児童虐待の早期発見に努めなければならない（以下略）」とあります。教職員には、児童虐待を発見しやすい立場であるとともに、以下のような義務と努力義務があります（文部科学省『学校・教育委員会等向け虐待対応の手引き（令和2年改訂版）』p.3）。
①虐待の早期発見に努めること（努力義務）【第5条第1項】
②虐待を受けたと思われる子供について、市町村（虐待対応担当課）や児童相談所等へ通告すること（義務）【第6条】
③虐待の予防・防止や虐待を受けた子供の保護・自立支援に関し、関係機関への協力を行うこと（努力義務）【第5条第2項】
④虐待防止のための子供等への教育に努めること（努力義務）【第5条第5項】
　また、児童虐待とは、①身体的虐待、②性的虐待、③ネグレクト、④心理的虐待の4つの行為を指します。
　法令の遵守は教職員個人だけにその判断や行為を求めているのではありません。学校は児童相談所の大切な協力者であり、同じことが自治体の子育て支援部局や児童福祉施設の職員、医師、保健師などの個々人にも求められます。つまり、私たちのチーム学校における多職種協働の視点は、地域の関係機関でも同様に求められています。今後、児童虐待を発見し防ぐ多職種協働についてSSWに相談し話し合ってはいかがでしょうか。

（鈴木庸裕）

[4　児童虐待]

Q49
新提要が求める児童虐待への対応のポイントは何ですか。

1　法規に基づいた学校現場の対応課題

　新提要は、広く教職員に法令についての知識理解や法令順守の行動規範の習得を願っています。過酷な状況が発生してはじめて法令に目を向けるのではなく、4層の重層的支援構造のどの場面においても貫いて考えていくものです。こうした法令が学級経営や学校経営、さらには生徒指導と学習指導を含めた教育課程に根差していく感覚を醸成していかねばなりません。そして学校現場では、家庭や地域との関わりも大切になります。

2　通告における配慮事項

　まず、家庭との関係における配慮では、保護者や養育者への介入や通告や通報があります。学校が児童相談所への送致までの待機場所になったり、保護的施設のような機能を持つこともあります。あるいは接見禁止の人物から児童生徒を守るシェルター的な場になることもあります。これまでにも児童生徒や保護者との関係から通報をためらったり、一時保護を求めても進まなかったケースは数多く経験してきたと思います。
　そこで、通告について、文部科学省『学校・教育委員会等向け虐待対応の手引き（令和2年改訂版）』(p.21) では、以下の4点を示しています。
①確証がなくても通告すること(誤りであったとしても責任は問われない)
②虐待の有無を判断するのは児童相談所等の専門機関であること
③保護者との関係よりも子供の安全を優先すること

④通告は守秘義務違反に当たらないこと

　①や④は躊躇を生み出します。しかし、「守秘義務に関する法律の規定は、第一項の規定による通告をする義務の遵守を妨げるものと解釈してはならない」と児童虐待防止法が示すように、こうした躊躇は、日頃の「集団守秘」のルールを順守することにより整理できます。

　また、要支援や要保護の家庭への配慮がなければなりません。児童相談所に連絡することや通告するという法的措置や対処は、教師にとって、子育てへの指導（親権者の体罰禁止）や支援に努めようとする点でジレンマを抱きます。その際、専門機関の判断に従うことは児童生徒や親を裏切るのではなく、その後の持続的な家庭支援や対応を開いていく上で大切なのだという理解が欠かせません。

　なお、児童相談所には通告、警察には通報というように、使い分けられます。通告とはある決定事項を一方的に伝えるという意味があります。したがって、学校での配慮とは、児童相談所などとの相談や連絡といった日頃の在り方にも関わってきます。

3　要保護児童対策地域協議会の役割

　今日、地域での取組の要になるのは、要保護児童対策地域協議会の役割です。「要対協」いう呼称で、よく略されます。2004年の児童福祉法改正のときに、全国の市町村に設置が義務付けられました。これは、児童虐待や非行児童をふくめ、「要保護児童」（保護者のない児童又は保護者に監護させることが不適当であると認められる児童）の早期発見と保護を目指し、関係諸機関が情報や目的を共有し連携する実務的機関です。

　近年では、要対協の実務者が学校に出向いて会議を開催するケースもしばしばあります。日本のSSWの活用事業がはじまったころ、多くの福祉職がこの要対協を地域に根差そうと努力してきました。

（鈴木庸裕）

Q50
生徒指導の４層構造の観点からどのような取組を
すればよいですか。

1　児童生徒の将来の自立支援を見据えた取組

　新提要は、児童生徒の問題を出来事ではなく、「経験」として着目します。虐待を受けた経験が、被害を受けたのちの人生に多大な悪影響を及ぼし得ることから、発見や通告、保護者対応にとどまらず、児童生徒の将来への発達と自立支援までをも視野に置きます。

　右表は児童養護施設の職員がよく共有する事柄です。褒めるのに頭をなでようとすると、ひょいと頭を引っ込めてしまう。これは頭に平手が飛んでくるかもしれないという経験への反射行動です。過度なスキンシップや放課後、家に帰りたがらないなども、単にその行動ではなく、なぜそうするのだろうか、どんな精神的な苦痛や生きづらさがあるのか、といった気付きと想像力が私たちには欠かせません。この表は課題早期発見対応のチェックリストとしても考えられます。

2　４層構造の観点

　４層構図の観点で見ると、新提要のp.184にある図13「児童虐待への対応における役割」にある「通常時」の、日常的な担任による子供・保護者の観察・把握や養護教諭の健康診断、管理職や生徒指導主事による児童虐待に関する法令・アセスメントへの理解とその研鑽などが「課題未然防止教育」や「課題早期発見対応」にあたります。そして「通告時、通告後」の部分が「困難課題対応的生徒指導」にあたります。児童生徒の精神的な

子供についての異変・違和感	表情が乏しい 触られること・近づかれることをひどく嫌がる 乱暴な言葉遣い　　極端に無口 大人への反抗的な態度　　顔色を窺う態度 落ち着かない態度　　教室からの立ち歩き 家に帰りたがらない 性的に逸脱した言動 異常な食行動，衣服が汚れている　など
状況についての異変・違和感	説明できない不自然なケガ・繰り返すケガ 体育や身体計測のときによく欠席する　　低身長や低体重，体重減少 親子では表情が乏しいが親がいなくなると表情が晴れやかになる 子供が具合が悪く保護者に連絡しても緊急性を感じていない様子 その家庭に対する近隣からの苦情や悪い噂が多い　など

文部科学省『学校・教育委員会等向け虐待対応の手引き（令和２年改訂版）』（p.13）

安定や時々の客観的な事実の記録、関係機関との密接な情報共有が「課題未然防止教育」や「課題早期発見対応」において欠かせません。特に、関係機関への通告は「課題早期発見対応」と「困難課題対応的生徒指導」の双方と関わります。保護者への対応や要保護児童対策地域協議会との連携方法では、SSWによる専門的な知見や提案を活用する必要があります。

　児童虐待は、いじめや非行、発達特性、家庭養育などの状況に隠れていることが多く、発達支持的生徒指導での児童生徒理解の俯瞰性（限定した見方をしない）が求められます。また、SSWやSCには、日ごろの発達支持的段階での見立てや支援計画への積極的な参加が求められます。

3　児童生徒の安全の確保を児童生徒の視点から見極め

　大切なことは、「児童生徒の安全の確保を児童生徒の視点から見極める」という視点です。私たちが児童生徒に寄り添う存在であること、家族や本人の成育歴を読み取り、親子双方の思いを確認し、そして地域にある見守り体制の有無を確認することです。

（鈴木庸裕）

▶
Q51
自殺に関して押さえておくべき法規について教えてください。

1　『自殺対策基本法』の成立とその後の自殺の動向

　『自殺対策基本法』は、日本の自殺者数が1998年に急増し、その後３万人台が続くという深刻な状況の中で、2006年に成立しました。第１条に「誰も自殺に追い込まれることのない社会の実現を目指して、（中略）自殺対策を総合的に推進して、（中略）国民が健康で生きがいを持って暮らすことのできる社会の実現に寄与する」ことを目的とすると明記されています。

　第２条で、自殺対策は「生きることの包括的な支援」であるとした上で、基本理念として、①「自殺が個人的な問題としてのみ捉えられるべきものではなく、その背景に様々な社会的な要因があること」②「自殺が多様かつ複合的な原因及び背景を有するものであること」を踏まえて、③自殺の「各段階に応じた効果的な施策として」、④国、地方公共団体、医療機関、事業主、学校、民間の団体その他の関係する者の相互の密接な連携の下に実施されるべきことが示されました。

　法の成立を受けて、2007年に「自殺総合対策大綱」が策定され、国を挙げて中高年のうつ病対策を中心とした様々な取組が進められました。その結果、1998年から2012年まで３万人を超え続けてきた自殺者数が、２万人を切るところまで減少しています（2022年の自殺者数は２万1881人）。

2　児童生徒・若者の自殺の動向と文部科学省の取組

　文部科学省も、2009年に児童生徒の自殺予防に関する基本的事項をまと

めた「教師が知っておきたい子どもの自殺予防」の冊子を全国の学校に配布しました。さらに、児童生徒の自殺が起こると、遺族や周りの児童生徒、教職員等に心の傷が残ることが少なくないことを踏まえ、2010年に「子どもの自殺が起きたときの緊急対応の手引き」、2014年には、児童生徒を直接対象とする自殺予防教育の具体化を目指して「子供に伝えたい自殺予防－学校における自殺予防教育導入の手引－」を発出し、自殺予防教育の普及啓発に努めてきました（文部科学省のHPからダウンロードできます）。

　しかし、全体の自殺者数が減少している中で、若い世代の自殺は増加傾向を示しています。ここ10年間の小・中・高校生の自殺者数は、年間300人～500人の間で推移してきましたが、2022年には統計開始以来初めて500人を超え（小学生17人、中学生143人、高校生354人）、極めて深刻な状況がみられます。10代の死因の第1位が自殺なのは、先進7か国中で日本のみであり、自殺率（人口10万人に対する自殺者数）も7.4と、他国に比べて高いものとなっています。

3　自殺対策基本法の改正と学校に求められる自殺予防の方向性

　このような状況の中で、2016年に改正された「自殺対策基本法」においては、若い世代への自殺対策が喫緊の課題であるという認識に基づき、各学校が自殺予防教育に取り組むことが努力義務として課せられました。2017年に閣議決定された「自殺総合対策大綱」のなかでは、「SOSの出し方に関する教育」の推進、「専門家と連携した自殺対策教育」の実施が、同じく学校の努力義務として示されました。また、新たに2022年に閣議決定された「大綱」においても、その一層の推進が求められています。

　児童生徒の深刻な自殺の実態と国の施策の動向を踏まえたとき、自殺の危険が高まった児童生徒への個別的な支援（「危機介入」）と、生涯にわたる精神保健の観点から全ての児童生徒を対象にした「自殺予防教育」の実施が、各学校に求められていると言えるでしょう。　　　　　　（新井　肇）

[5　自殺]

Q52
新提要が求める自殺への対応のポイントは何ですか。

1　新提要を踏まえた自殺への対応における留意点

　新提要において、生徒指導における取組上の留意点として第一に挙げられているのが、教職員が児童生徒の権利について共通理解したうえで、児童生徒支援の視点に立った生徒指導を推進することです。特に、『児童の権利条約』に示されている四つの原則の一つである「生命・生存・発達に対する権利」を守ることの重要性が強調されています。

　児童生徒を取り巻く状況が多様化・複雑化している中で、生命や人権に関わる事象に関しては、一つ一つに丁寧に向き合う教職員の姿勢と多角的な視点からのアセスメント、組織的対応の重要性が強調されています。自殺への対応は、その最たるものと考えられます。

2　児童生徒の自殺の原因・動機から考える対応の方向性

　厚生労働省が警察庁の原因・動機別自殺者数調査（2009 ～ 2021年）をまとめた結果によると、小学生では「親子関係の不和」、「しつけ・叱責」など「家庭問題」の比率が高く、中学生では「学業不振」や「学友との不和」などの学校問題が家庭の問題と並んで多くみられます。高校生も「学業不振」や「進路に関する悩み」などの「学校問題」が多いことは変わりませんが、うつ病や統合失調症などの精神疾患に関する「健康問題」が急増する点に特徴がみられます（『令和４年版自殺対策白書』2022）。

　学校問題というと真っ先に「いじめ」が思い浮かびますが、実際には「学

業不振」や「進路に関する悩み」などの比率が高いことに留意すべきです。長期の休み明けに自殺が多くみられますが、学業や進路、学友との人間関係がストレッサーとなっている場合、休み明けにそれらと直面することがもたらす不安が背景にあると考えられます。学校生活の再開に当たっては、慣らし期間を設けたり、環境を整えたりすることが重要です。

3　自殺の危険が高まった児童生徒への対応の原則と体制づくり

　自殺の危険因子が多くみられる児童生徒に顕著な行動の変化がみられる場合には、自殺直前のサインとして捉える必要があります。自殺の危険を察知した場合の対応として、「TALKの原則」と言われるものがあります。

Tell：児童生徒に向かって心配していることを言葉に出して伝える。

Ask：死にたいと思うほどつらい気持ちの背景にあるものについて尋ねる。

Listen：絶望的な気持ちを傾聴する。話をそらしたり、叱責や助言などをしたりせずに、児童生徒の訴えに真剣に耳を傾ける。

Keep safe：安全を確保する。児童生徒を一人にせずに寄り添い、医療機関など、他からの適切な援助を求める。　　　　　　　　　（新提要p.201）

　自殺問題は「専門家といえども一人で抱えることができない」と言われます。学校においては、個々の教職員の役割を明確にした上で、チームで支援する体制をつくることが不可欠です。管理職、生徒指導主事、学年主任、教育相談担当者、養護教諭、SC、SSW等からなる「危機対応チーム」を組織し、当該の担任を支援する組織体制を組むことが求められます。

　同時に、自殺の危険が高い児童生徒や自殺未遂の児童生徒への対応においては、精神科や小児科・思春期外来等の医療機関との連携が必須です。また、家庭環境の影響が大きいので、福祉機関と連携を取りながら悩みを抱えた保護者へのサポートを進めることも重要です。学校に多職種の専門家の視点を入れることで、教職員が必要以上に混乱に巻き込まれたり、直接関わる人の不安を軽減したりすることが可能になります。

（新井　肇）

［5　自殺］

Q53
生徒指導の４層構造の観点からどのような取組をすればよいですか。

1　自殺予防の３段階と生徒指導の重層的支援構造

　自殺予防は、三つの段階に分けられます。自殺を未然に防ぐための日常の相談活動や自殺予防教育などの「予防活動」（プリベンション）、自殺の危険にいち早く気付き対処して自殺を未然に防ぐ「危機介入」（インターベンション）、不幸にして自殺が起きてしまったときの遺された者への心のケアを含む「事後対応」（ポストベンション）の３段階です。

　一方、自殺予防を生徒指導の観点から捉えると、「予防活動」の中でも、①児童生徒が困ったときに相談できる体制をつくるなど安全・安心な学校環境を整えたり、全ての児童生徒を対象に「命の教育」などを通じて「未来を生きぬく力」を身に付けるように働きかけたりすることは「発達支持的生徒指導」と言えます。②文部科学省が推進している「SOSの出し方に関する教育を含む自殺予防教育」の中の「核となる授業」は、「課題未然防止教育」として位置付けることができます。さらに、③教職員が自殺の危険が高まった児童生徒に早期に気付き関わる「課題早期発見対応」と、④専門家と連携して危機介入を行うことにより水際で自殺を防いだり、自殺が起きてしまった後の心のケアを行ったりする「困難課題対応的生徒指導」から、学校における自殺予防は構成されると捉えることができます。

2　４層構造に基づいた自殺予防のための具体的な取組

①「発達支持的生徒指導」：新提要で、自殺予防教育の目標として示され

ているのは、「心の危機に気付く力」と「相談する力」の２点です。心の危機についての正しい知識と理解を持ち、困ったときに相談できるようになれば、自分の危機の克服と友人の危機への支援が可能となり、自殺予防に限らず、生涯にわたる心の健康（メンタルヘルス）の保持につながると考えられます。各学校で既に取り組まれている「生命尊重に関する教育」や「心の健康教育」、「温かい人間関係を築く教育」などを、自殺予防につながる発達支持的生徒指導として意識することが求められます。

②「課題未然防止教育」：「核となる授業」の学習内容としては、①心の危機のサインを理解する、②心の危機に陥った自分自身や友人への関わり方を学ぶ、③地域の援助機関を知る、といったことが挙げられます。特に、「心の危機理解」については、高等学校保健体育科の「精神疾患の予防と回復」や中学校保健体育科「欲求やストレスへの対処と心の健康」、小学校体育科保健領域の「心の健康」、あるいは「総合的な学習（探究）の時間」等において実施することが考えられます。その際、体育科教師や学級担任と養護教諭、SC、SSW等が協働で授業づくりを行う等の工夫が必要です。

③「課題早期発見対応」：自殺の危険をいち早く察知するには、学級担任や関係する教職員が、日々の健康観察や定期的な面談、生活アンケート等を通じて、児童生徒の僅かな変化に気付けるかどうかが重要です。そのためには、表面的な言動だけにとらわれず、笑顔の奥にある絶望を見抜くことが求められます。気付いたら、安全確保を第一に、教職員間で情報共有し、担任等がひとりで抱え込むことがないようにすることが大切です。

④「困難課題対応的生徒指導」：自殺の行動化を水際で防ぐ組織的な危機介入や自殺未遂者への心のケア、自殺発生（未遂・既遂）時の周囲への心のケアなどを、専門家・関係機関と連携・協働して行うことを指します。いずれの場合も、保護者と連携して家庭での継続的な見守りを行うとともに、教職員間で密接に情報共有し、組織的に児童生徒を支援することが求められます。また、適切な心のケアを受けられないと、後に自殺の危険性が高まることを考慮し、医療機関と連携して丁寧な支援を行うことも必要です。

（新井　肇）

Q54
中途退学に関して押さえておくべき法規について教えてください。

1　中途退学に関する法規の概要

　中途退学（以下、退学）は大きく分けて本人等からの申し出の自主退学と懲戒処分による懲戒退学があります。双方に関わる退学についての事項は、学校教育法第59条にあり、その詳細は、学校教育法施行規則に示されています。一方懲戒退学については、学校教育法第11条に校長や教師が懲戒を与えることができるとし、懲戒の一つとして退学があることを示した学校教育法施行規則第26条では、第2項、第3項に具体的な規定が示されています。

2　中途退学に関わる条文及び解説

　学校教育法第59条に「高等学校に関する入学、退学、転学その他必要な事項は、文部科学大臣が、これを定める。」と学籍に関わる規定の中に退学が含まれています。ここで示された「必要な事項」は学校教育法施行規則の第90条から第100条の2にわたっており、その中で退学については、第94条（休・退学）に「生徒が、休学又は退学をしようとするときは、校長の許可を受けなければならない。」とあり、最終的な許可は校長が行うことになっています。

　懲戒については学校教育法第11条の規定に、「校長及び教員は、教育上必要があると認めるときは、文部科学大臣の定めるところにより、児童、生徒及び学生に懲戒を加えることができる。」とされ、懲戒については校長及び教員が与える権限が付与され、学校教育法施行規則第26条第2項の

規定では「懲戒のうち、退学、停学及び訓告の処分は、校長が行う。」とあるように処分を行うのは校長です。ただし、同条第3項の規定では「前項の退学は、市町村立の小学校、中学校（中略）若しくは義務教育学校又は公立の特別支援学校に在学する学齢児童又は学齢生徒を除き」とあり、主に退学の対象が高校の生徒とされています。なお、法規に加えて、「高等学校中途退学問題への対応について」（平成5年4月23日付け　文部省初等中等教育局長通知）の「高等学校中途退学問題への対応の基本的視点」なども参考にする必要があります。

3　法規に基づいた学校現場の対応における課題

　高校を退学することは学歴では中学校卒業となり、その後の進学や就職の上で大変不利な立場となります。そのため、生徒に対し慎重指導が求められると同時に、生徒や家族からの希望とはいっても管理職や教師には生徒の将来を十分展望しながら厳正かつ教育的な指導・助言が求められます。厚生労働省（2019）「平成30年若年者雇用実態調査の概況」では、中卒者の就職率は35.4％と示されており、職業に就くときの学歴の壁は退学者の前に立ちはだかることを念頭に入れておかなくてはなりません。これは、自主退学、懲戒退学双方が共通に置かれる境遇であり、慎重に対処すべきです。法規には権限の付与と手続きが示されていますが、解釈や判断をするのは、主に各学校の校長と教師です。生徒が学籍を失い、教育を受ける権利に大きな変更をもたらす退学については、各学校の教育方針や生徒の実態を踏まえ、教育を受ける権利を保障する学校の役割を十分考慮した上、内規等を定め、公平・公正に対処する必要があります。学びに関わる退学後の編入、復学、高卒認定等の情報等、就業の場合の基本的な雇用労働に関わる知識や支援制度や機関等、さらには、福祉における制度や支援の機会など一連の情報にアクセスできるような機会を何らかの形で保障する必要があります。

（三村隆男）

［6　中途退学］

Q55
新提要が求める中途退学への対応のポイントは何ですか。

1　中途退学への対応

　中途退学（以下、退学）への対応は、各学校の教育方針や生徒の実態を踏まえ、教育を受ける権利を保障する学校の役割を十分考慮した上で内規などを定め公平・公正に対処するようにする必要があります。

　まず、本人等からの申し出の自主退学についてです。学校不適応や進路変更などで相談される先はホームルーム担任の場合が多くなります。こうした相談への対応は、決して担任一人で対応するのではなく学年主任等と複数で対応し、学年会、各分掌など学校全体の問題として取り組む必要があります。自主退学では進路変更を理由とする場合が多く、進路指導部の関わりは欠かせません。

　一方、懲戒における退学は、校長による懲戒処分の一つで、自主退学とは異なり、生徒や保護者の意に反した結果となることも考えられます。学校教育法施行規則第26条にある4項目に加え、さらに学校の実情を考慮し、指導や手続き上の公正・公平が保障される内規あるいはそれに準ずる規程が求められると同時に、生徒本人や保護者に対するきめの細かい説明が求められます。規程には、ただ単に退学への手続きを記すのではなく、手続きの過程での高校中退後の支援に関わる情報の提供、退学後の進学や就業において進路指導部の支援を享受できる手順なども盛り込んでおく必要があります。

　きめの細かい指導としては、主にカウンセリング（キャリア・カウンセリング）の視点で、本人や保護者の事情を十分に聴取し、退学がもたらす

今後の不利益について、事実として丁寧に説明をしていく必要があります。さらに、高校を離れて行うキャリア形成に対し、学校として、社会としてどのような利用可能な支援の手立てがあるかを十分に伝える必要があります。この点では担任個人に委ねるのではなく、規程に沿って進路指導部が今後の学習や就業への手立てについての情報を提供しておく必要があります。退学経験者等への学び直しの機会提供など、困難を抱える生徒の自立支援等の面でも大きく期待されている定時制課程及び通信制課程の高校や、多様な学びの機会に対応した高校への編入学の情報も併せて提供する必要があります。必要に応じ、学校間で連携しながら、移行支援に移ることも考えられます（新提要「9.5中途退学者の指導と関係機関との連携体制」の関係諸機関を参照）。

2　中途退学への対応の基本的視点と留意点

　退学は高校における学籍からの離脱で、系統的な学習及び社会的職業的自立に関わる教育活動の機会を当該生徒が失うという点を十分に認識する必要があります。特に学校教育法施行規則第26条第3項第4号の条件の「学校の秩序を乱し、その他学生又は生徒としての本分に反した者」の場合は、学校の多くの生徒にとっての正常な教育活動の維持と個人の教育を受ける権利との葛藤の中で学校としての十分な議論を経る必要があります。

　学籍を離れる結果となる場合も、個々の事例に対する十分な情報収集と関係する教師又は全校の共通理解を得た上で、本人保護者への退学後の学習や就業の機会に関する十分な説明に留意する必要があります。さらに、進路指導の諸活動の一つである「追指導」が強く求められます。特に学校生活への不適応が理由で退学に至った中退者は次の進路でも同様の事態を招く可能性があります。支援が必要な場合は、高校に気軽に連絡できるような関係性を維持できるように努力することも大切です。

（三村隆男）

Q56
生徒指導の４層構造の観点からどのような取組をすればよいですか。

　中途退学（以下、退学）への最も重要な視点は、高校だけの問題にとどめず、小学校、中学校を含む発達の視点から見ていくことが重要です。小中高の学習指導要領第１章総則の「児童（生徒）の発達の支援」は、2017年告示の小学校、中学校、2018年告示の高校の全ての学習指導要領に新たに盛り込まれたものです。そこには大きく分けて学習指導の視点、生徒指導の視点そしてキャリア教育の視点で発達を捉えています。

1　発達支持的生徒指導・課題未然防止教育

　小学校段階からの発達を意識した切れ目のない支援が求められます。文部科学省（2022）「令和３年度文部科学省児童生徒の問題行動・不登校等生徒指導上の諸課題に関する調査結果について」によると「学校生活・学業不適応」と「進路変更」が高校中退の要因の74.7％を占めていることから、トータルな発達の視点で学習指導、生徒指導、キャリア教育を展開していくことになります。全ての児童生徒に対する総合的な発達支援が発達支持的生徒指導では求められることになります。

　退学の大きな要因の一つに中学校から高校への移行によって起こる不適応があります。そのために円滑な移行に向けた、学習指導、生徒指導、キャリア教育の三つの分野における発達を小学校段階から始める必要があります。三つの分野に対して組織的、系統的な支援が可能な校内体制の整備と、学習状況やキャリア形成（社会の中で自分の役割を果たしながら、自分らしい生き方を実現していくための働きかけ、その連なりや積み重ね）を振

り返るためにキャリア・パスポートを活用した支援も考えられます。高校では中学校から送られて来たキャリア・パスポートの記述をもとに生徒理解を進めホームルーム経営や教科指導を行うことで、新入生の高校生活への適応を促進することになります。

2　課題早期発見対応

　学習、生活、キャリアのそれぞれの部分、あるいは複合的に不適応の予兆を発見し対応することです。これらの発達の分野で躓いている児童生徒に対しては早期の対応が求められるからです。まず登校において、遅刻、早退、欠席などの教育データの微妙な変化が予兆として現れます。授業へ参画する態度や提出物の未提出や不完全な内容での提出なども予兆の一つです。生活では、話し合いのグループから外れた位置をとろうとする、発言が少なくなるなどです。そうした観察とキャリア・パスポートの記述などをもとに対話的に関わり支援をすることができます。不適応が攻撃的な形で発現する予兆段階では、職場体験やボランティア活動などキャリア形成を促進する活動を通し創造的なエネルギーを養い、不適応を抑止することも有効です。

3　困難課題対応的生徒指導

　この段階では担任に任せることなく学年や学校全体で取り組む必要があります。慢性的な長期欠席対応に至る前に転校をすすめるなど臨機応変な対応も必要です。懲戒による退学の場合、「学校を辞めさせられた」との意識を払拭する努力により学校に支援を求めやすくすることが必要です。
　一方で、入学時から登校せず長期欠席が続き、出席時数が不足し、退学に至る事例も少なくはありません。そうした生徒の入学に際しては、中学校と高校の教師が連携をとり、生徒のプロフィールなどを共有し、支援することが考えられます。

（三村隆男）

▼
Q57
不登校に関して押さえておくべき法規について教えてください。

▲

1　不登校の定義

　不登校は、「何らかの心理的、情緒的、身体的あるいは社会的要因・背景により、登校しない、あるいはしたくともできない状況にあるため年間30日以上欠席した者のうち、病気や経済的な理由による者を除いたもの」と定義されています。

2　「義務教育の段階における普通教育に相当する教育の機会の確保等に関する法律（略称、教育機会確保法）」とは

　不登校の児童生徒が、不利益を被らないように2017年、教育機会確保法（以下、確保法）が施行されました。この法律がきっかけとなり不登校への認識や対応が大きく変わりました。確保法は、教育基本法や児童の権利に関する条約の趣旨にのっとっています。不登校であっても安心して教育を受けられる環境や機会を確保したり整備したりすることを総合的に推進するように定めた法律です。その実現のために、国や地方自治体、民間等が連携を密にすることも定めています。

3　不登校に関わる条文及び解説

（1）確保法第7条の基本指針により、「学校以外で学習のできる環境」を保障し、提供しなければなりません。公的な機関では教育支援センターが、民間の機関ではフリースクール等が該当します。確保法では、児童生徒に

対して平等に教育の機会を与えることのみならず、「学校に行かなければ
ならない」という固定観念の軽減をも目的にしていることは特筆すべきこ
とです。児童生徒の意思も尊重されます。したがって、不登校について保
護者も子供も自分を責める必要はなく、学校も「登校させなくては」と思
う必要はありません。

(2)　確保法第8条から第13条では、「不登校児童生徒の休養の必要性」が
認められています。確保法では、全ての不登校児童生徒の教室への通学を
目指しているわけではありません。児童生徒の状況等によっては、無理に
登校を促すのではなく休養することが大切な場合もあります。本人が安心
できる場所で学ぶことも認められています。確保法により教師も保護者も
「少し休もうか」と声をかけやすくなったと言えます。

4　法規に基づいた学校現場の対応課題

(1)　不登校に対する意識改革

　確保法により不登校を問題行動と捉えないことが明文化されました。し
かし、未だに不登校は問題だという捉え方が根強く残っています。学校現
場から意識改革を発信していくことが求められています。

(2)　児童生徒が相談しやすい環境

　日頃から児童生徒が相談しやすい雰囲気や毎日楽しく学校に通えるよう
な学校風土を作ることが学校現場に求められています。

(3)　教師の課題

　教師の働き方改革も考慮しつつチーム学校で不登校支援に取り組むため
の管理職のリーダーシップが求められます。さらに教師や保護者との連携
の要であるコーディネーターのマネジメント力の強化も求められます。

(4)　地域の課題

　全国的に見ると、フリースクールなど学習の場が得られにくい状況にあ
ります。学校以外の学習の場の確保が大きな課題となっています。

（田村節子）

[7　不登校]

Q58
新提要が求める不登校への対応のポイントは何ですか。

　不登校は、本人・家庭・学校に関わる様々な要因が複雑に関係します。また、不登校は、保護者や友達、教師等との人間関係の悪化や、学業上の課題や心身の健康の課題などあらゆる児童生徒の悩みと関連します。さらに、いじめや虐待、発達障害等の課題からくる二次的な問題としても発生します。そのため、包括的に支援することが求められます。また、不登校の定義は誰もが不登校になりうることを示しています。休み始める前の予兆を見逃さないことや休み始めたらすぐに対応することが、教師はじめ援助者に求められます。

1　不登校への対応に関わる基本的な考え方

(1) 支援の方向性
　不登校の児童生徒や保護者は、負い目や自責の念からつらい思いをしています。確保法は、無理に登校を促すのではなく本人の意思を尊重します。本人の希望や願い、本人の強みや興味・関心を含めて本人の気持ちを理解し一人一人に合った支援を行います。

(2) 支援の目標
　不登校児童生徒が将来、精神的にも経済的にも自立し、豊かな人生を送れるような社会的自立を果たすことが目標です。「上手にSOSを出せる」「傷ついた自己肯定感を回復させる」、「コミュニケーション能力を身に付ける」よう支え、個に応じた支援を目指します。

2　不登校への対応の基本的視点と留意点

(1)　教育相談体制の充実

　日頃から一人一人の教師が児童生徒との信頼関係の構築を目指します。不登校児童生徒は背景に様々な課題があることが多いため共通理解を図りチーム学校で対応します。援助方針として「待たない方がよいのか」「待った方がよいのか」を見極めるアセスメントが大切となります。アセスメントは、BPSモデル（生物学的要因、心理学的要因、社会的要因）を参考に実態を把握すると同時に、本人の希望や願い、強みや興味・関心も含め個に応じた支援を目指します。

(2)　教職員の連携・協働

　学級担任のみではなく、チーム学校として不登校児童生徒や保護者へ支援します。養護教諭は、心身両面から支援します。教育相談コーディネーターは、カウンセリングや相談業務、連携の窓口等を担います。特別支援教育コーディネーターは、発達障害等の特別な支援を要する児童生徒の支援、保護者からの相談窓口等を担います。心理的なケアが必要な場合はSC、福祉的な支援が必要な時にはSSWとの連携を行います。

(3)　移行期の情報連携

　個人情報保護に留意しながら進級時や進学先との情報共有を行います。切れ目のない支援が組織的に継続されていきます。具体的には、SC、SSW、教育支援センター、医療機関、児童相談所、外部相談機関等との「横」の連携と、進級時の校内の「縦」の連携、及び小学校、中学校、高等学校等の校種間の「縦」の連携を目指します。

(4)　留意点

　不登校児童生徒への支援は、本人の意思を尊重し「無理に登校を促さない」「学修機会を確保する」という理念の下に行うことに留意します。その上で、校長のリーダーシップの下に学校内外の多職種との「横」と「縦」の連携を行い支援します。

（田村節子）

[７　不登校]

Q59
生徒指導の４層構造の観点からどのような取組をすればよいですか。

1　生徒指導の４層構造からみた不登校への対応

不登校に対する４層の支援構造について、図に添って説明します。

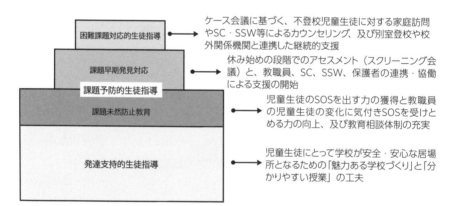

図　不登校対応の重層的支援構造（新提要p.229）

（1）発達支持的生徒指導

　図の一番下の基盤にあたります。全ての児童生徒が対象のため、図でも一番大きく描かれています。全ての児童生徒の発達を支えます。全ての児童生徒にとって学校が安全で安心して楽しく過ごせる場所となるよう魅力ある学校や学級・ホームルーム作りを目指します。全ての児童生徒にとって学校が居場所となる素地を醸成するための重要な活動です。

（2）課題予防的生徒指導：課題未然防止教育

　全ての児童生徒は悩みを持つ可能性があります。その悩みが深くなると

不登校になる可能性も高まります。課題未然防止教育では、不登校となるかどうかの水際のため悩みを抱え込まずに児童生徒がSOSを発信することを促します。教職員にはSOSを受け止める力や見つける力を伸ばし、さらに教師とSCやSSWによる相互コンサルテーションの機会を持つなど、教育相談体制を整えることが求められます。

(3) 課題予防的生徒指導：課題早期発見対応

校内連携型支援チームにおけるスクリーニング会議等を通して、休み始めた一部の児童生徒を早期に発見し早期の対応を行います。これ以上課題が深刻にならないように支援します。休み始めた要因には多様な背景があるため、この段階で教職員、SC、SSW、保護者等と連携して支援を開始します。

(4) 困難課題対応的生徒指導

図では一番上に位置しています。長期欠席となった特定の児童生徒への対応を行います。不登校児童生徒にどのように支援するかを決定するケース会議を定期的に持ちます。アセスメントを行った上で「個別の支援計画」を立て必要に応じて家庭訪問やカウンセリングを行います。また、別室登校や外部機関と連携し、支援を継続します。児童生徒や保護者が自責の念を持たないように配慮します。児童生徒の意思を尊重し、確保法に基づき将来の社会的自立に向けICT等の活用も視野に入れつつ教育の機会が奪われないよう配慮します。

2　4層構造に共通する重要なポイント

不登校になると親も児童生徒も孤独になり罪悪感や自責の念に苛まれます。児童生徒が「大事にされている」「心の居場所がある」「大切な意味のあることができる場がある」と、全ての児童生徒が実感できるように常日頃から教師も、親も、援助者も児童生徒に関わることがポイントです。

（田村節子）

[8　インターネット・携帯電話にかかわる問題]

Q60
インターネット・携帯電話に関して押さえておくべき法規について教えてください。

1　青少年が安全に安心してインターネットを利用できる環境の整備等に関する法律（青少年インターネット環境整備法）

　本法は、インターネット上で、青少年（18歳に満たない者）の健全な成長を阻害するような有害な情報が多く流通している状況に鑑み、青少年が安全に安心してインターネットを利用できるようにし、青少年の権利擁護に資することを目的として2008年に成立しました。第1条（目的）では、青少年がインターネットを適切に活用する能力を習得できるような措置と共に、フィルタリングソフトウェアの性能の向上と利用の普及を促進するなどして、青少年が有害情報を閲覧する機会を少なくするための措置を講ずることの必要性が記載されています。保護者には子どものインターネット利用を適切に把握・管理するなどのことが求められ、青少年が携帯電話等を利用する場合、保護者と携帯電話インターネット接続役務提供事業者は、フィルタリング利用を条件としなければならないとされています。

2　インターネット異性紹介事業を利用して児童を誘引する行為の規制等に関する法律（出会い系サイト規制法）

　本法は、出会い系サイトの利用に起因した児童買春事件等の犯罪の急増を背景として、2003年に制定・施行されました。インターネット異性紹介事業を利用して、児童（18歳に満たない者）を性交等の相手方となるように誘引する行為等を禁止するとともに、インターネット異性紹介事業につ

いて必要な規制を行うこと等により、インターネット異性紹介事業の利用
に起因する児童買春その他の犯罪から児童を保護し、もって児童の健全な
育成に資することを目的としています（第1条：目的）。2008年には、イ
ンターネット異性紹介事業に対する規制を強化するなどの改正が行われま
した。インターネット異性紹介事業者には、都道府県公安委員会への届出
義務が課せられ、広告又は宣伝をする場合には児童が利用してはならない
旨を分かりやすく表示するほか、利用者が書き込みや閲覧をしたり利用者
同士がメール等で連絡を取り合ったりする際には児童でないことを確認す
ることなどが義務づけられています。

3　特定電気通信役務提供者の損害賠償責任の制限及び発信者情報の開示に関する法律（プロバイダ責任制限法）

　本法は、ウェブページで権利侵害があった場合、プロバイダ（サーバの
管理者・運営者、掲示板管理者などを含む。）の損害賠償責任の制限と、
発信者情報の開示を請求する権利などを定めることを目的として、2001年
に成立しました。インターネット上に他人の権利を侵害する情報が流通し
た場合、プロバイダ等の責任範囲を明確化（責任を制限）することによっ
て、プロバイダ等が、「被害者救済」と発信者の「表現の自由」という重
要な権利・利益のバランスに配慮しつつ、削除等の適切な対応を促すもの
です。2022年に施行された改正法では、インターネット上での誹謗中傷等
の深刻化を背景に、より円滑に被害者救済を図るため、誹謗中傷をした者
の情報開示の裁判手続きがより簡易化されました。

　インターネット問題に関連するその他の法律等として、「児童買春、児
童ポルノに係る行為等の規制及び処罰並びに児童の保護等に関する法律」
（児童買春・児童ポルノ禁止法）が定められています。また、誹謗中傷、
炎上などインターネット上の悪質な投稿を行ったり、その被害にあったり
した場合、刑事罰（名誉毀損、侮辱罪等）の問題にもなる可能性があるた
め、法的な対応が必要となることがあります。　　　　　　　（新井　雅）

Q61
新提要が求めるインターネット・携帯電話への対応のポイントは何ですか。

1 インターネット・携帯電話に関わる問題の主な特徴

　現実のリアルな場面で生じる問題とは異なり、インターネットは匿名で様々な行為を行うことが可能であるため（匿名性）、好ましくない行為や法に触れる行為が行われてしまうことがあります。また、インターネット上の書き込みや写真、個人情報などは、一度発信されると多くの人が目にして情報が広がりやすいため（拡散性）、削除が難しく、半永久的に情報が残り続けることから、「デジタルタトゥー」とも呼ばれます。そして、対面でのコミュニケーションと異なり、SNS（Social Networking Service）上での文字のやり取りは、お互いの表情や声の調子が分からなかったり、短文で素早くやり取りをしたりすることなどよって、相互に誤解が生じやすくなってしまう場合もあります。結果として、ネットいじめなどの人間関係上のトラブルや、ネット上での誹謗中傷や炎上などの犯罪につながる行為に発展してしまうことがあります。SNSでは、その匿名性がゆえに、躊躇なく誹謗中傷がなされてしまうことがありますし、交際していた相手の恥ずかしい写真を、別れた腹いせにインターネット上に掲載・拡散するトラブル（リベンジポルノ）なども発生しています。

　さらに、スマートフォンやタブレット端末などがあれば、いつでもどこでもインターネットを利用でき、他者とつながることができて便利な一方、つながりやすさにストレスを感じて疲弊してしまったり、過度な長時間利用によって生活習慣が乱れて心身の不調が生じ、学校に登校できなくなってしまったりするような場合もあります。日常生活に支障が出てしまうほ

ど、インターネット上のオンライン・ゲームにのめりこんでしまったりするといったような依存の問題も、現代では深刻な状況になっています。

2　インターネット・携帯電話に関わる問題への対応―組織的取組

　前述のようなインターネット・携帯電話に関わる諸問題の特徴を踏まえると、未然防止のための組織的な取組に力を入れることが非常に重要となります。学校では、インターネット対策の中核として、情報交換や方針策定のための協議を行う組織を、校務分掌に位置付けることが求められます。

　そして、学校での具体的取組の例として、①情報集約と方針決定（定期的に会議を開催し、学校で起きているインターネット問題に関する情報の集約と対策を検討する）、②アンケートの実施（児童生徒のインターネット利用などに関する実態把握を行う）、③啓発活動の実施（講演会などのみならず、児童生徒が授業の中で系統的にインターネットの知識や課題解決方法について学ぶ機会を設ける）、④児童生徒間の話合いやルールづくり（インターネットの扱いについて、教職員や保護者が一方的に教えるだけではなく、児童生徒自らが主体的に考えて、その利便性や影響を議論しつつ、身近な課題としてルールを定める機会を用意する）、⑤相談・通報窓口の設置や周知（インターネットに関わる問題が生じた際に、児童生徒が早急に相談・通報できる学校内の体制を整えたり、居住地域の関係機関や各種相談窓口を周知したりする）、⑥保護者との連携（家庭と連携を図りながら、児童生徒のインターネット問題の適正な管理・対応を行う）などが考えられます。

　インターネットに関わる諸問題では、緊急かつ広い範囲での対応が求められるため、チーム学校として組織的に対応することが重要です。トラブルの発生を把握した場合、緊急会議を開催し、トラブル情報の共有、当該児童生徒及び周辺児童生徒への対応に当たります。家庭や保護者との連携はもちろん、学校内だけでは対応できない場合には、警察、法律や消費者問題などの専門家との連携を踏まえた対応を行うことが求められます。

（新井　雅）

[8 インターネット・携帯電話にかかわる問題]

Q62
生徒指導の4層構造の観点からどのような取組をすればよいですか。

1 インターネットをめぐる課題に対する重層的支援構造

インターネットをめぐる問題では、教職員自身が理解を深めて共通理解を図り、定期的に方針を確認しておく必要があります。その上で、学校では、児童生徒がインターネットを適切かつ安心・安全に活用する能力を習得できるように働きかけ、トラブルを生まない環境づくりを目指します。トラブルが発生した場合に備えて教職員への相談ができる体制の充実を図り、さらに課題解決に向けて児童生徒と教職員、保護者及び地域・関係機関等が連携して対応できる重層的な支援体制を整備することが必要です。

2 インターネットをめぐる課題に対する重層的支援構造の具体的取組

第一に、インターネット問題の未然防止です（課題予防的生徒指導：課題未然防止教育）。学校では、あらゆる教育活動を通して、全ての児童生徒の社会的資質・能力の発達を支えると同時に（発達支持的生徒指導）、情報モラル教育を実施するなど、情報社会の中で児童生徒が自他共に安全に過ごしていくための知識や態度を身に付けられる取組を講じることが必要です。また、複雑さが増している高度情報化社会を生き抜くためには、ホームルームや児童会・生徒会などで児童生徒自身が議論しながら、主体的にルールを定められるような取組が重要です。ネットの長時間利用など、家庭でのインターネット利用上の課題を未然に防ぐに当たっても、学校、家庭、地域を挙げた取組が必要であり、家庭での利用時間・場所などのルー

ルづくりやフィルタリング設定についての指導・援助が求められます。さらに、学校や家庭で様々な困難や悩みを抱える児童生徒が、自らの居場所や避難場所としてインターネットを利用する場合もあります。現実生活の中で、自らの存在を温かく認められ、自信を持って過ごすことができ、苦しいときには信頼できる人に支えてもらえるといったような、安心・安全を感じられる時間や空間、関係性を、日常的に構築しておくことが重要です。

　第二に、問題を早期に発見し対応する体制づくりが必要です（課題予防的生徒指導：課題早期発見対応）。そのためには、教職員が児童生徒のインターネット利用の実態に関心を持ち、変化に敏感であることが重要です。インターネット上の些細な書き込みをきっかけに児童生徒間の人間関係がこじれることもありますので、様々な教育・指導を通して、その改善に努める必要があります。そして、インターネット問題に限らず、日常の困難や悩み事を気軽に教職員に相談できる信頼関係を構築したり相談窓口を整備したりするなどして、本人はもちろん、保護者や他の児童生徒からの情報も踏まえて、問題を早期に発見し対応する体制を整えます。

　第三に、インターネット問題への適切かつ迅速な対応です（困難課題対応的生徒指導）。問題を把握した場合、チーム学校に基づき、丁寧な情報収集と対応方針のすり合わせが必要です。当該児童生徒の被害拡大を防ぐことを最優先にします。迅速さも必要ですが、当該児童生徒及び保護者の意向を踏まえ、一緒に解決していこうとする姿勢が重要です。法的な問題に直面することもありますので、専門家の見解を踏まえ、対応の方針について具体的な方策を提示し、児童生徒や保護者に選択してもらうことも重要です。法的な対応が必要な問題（例：違法投稿、ネット詐欺、ネット上の危険な出会い、児童買春・児童ポルノ禁止法違反）は、警察や消費生活センターなどの専門家に早急な対応を求め、加害・被害を問わず、児童生徒を違法状態から救い出す必要があります。また、児童生徒がインターネット上で誹謗中傷を受けたりした場合には、内容や状況に応じて児童生徒や保護者に適切な相談窓口を伝えることが必要となることもあります。

（新井　雅）

Q63
性に関する課題に関して押さえておくべき法規について教えてください。

1　「性」と「人権」

　「世界人権宣言」（1945年）では、人種、皮膚の色、言語等と並んで性に関する差別の禁止、権利の保障が示されています。国内では、基本的人権の尊重を基本原理として「日本国憲法」や「教育基本法」が規定されています。また、「児童の権利に関する条約」（日本は1994年に批准）では、児童生徒自身や親の人種・国籍・性などによる差別の禁止が示され、2022年4月に公布された「こども基本法」では、「全てのこどもについて、個人として尊重され、その基本的人権が保障されるとともに、差別的扱いを受けることがないようにすること」が明記されています。今後は、「性」を児童生徒の人権、権利保障の視点から捉えた具体的な取組が期待されます。

2　性犯罪・性暴力

　2020年に関係府省会議で検討された「性犯罪・性暴力対策の強化の方針」に基づき、被害者支援の充実、加害者対策、教育・啓発等の強化が進められました。2022年には「AV出演被害防止・救済法」が成立し、AV出演契約の取り消し、販売や配信の停止等に関する事項が示され、これと併せて性的な動画の撮影被害や、恋人からの暴力被害に関する相談窓口の啓発活動が行われています。また、「児童買春・児童ポルノ禁止法」では、児童買春、児童ポルノの製造等、児童に性的な被害を与える犯罪行為や、児童の性に着目した形態の営業に関連して行われる違法行為が規定され、2014年の改

正では、児童ポルノ又はその電磁的記録を所持・保管する行為等を処罰する罰則が新設されています。これらの法を根拠に、児童生徒が性被害・性加害の当事者にならないよう警察等との連携を図るとともに、学校における「生命（いのち）の安全教育」を推進することが求められています。

3　性同一性障害

2003年「性同一性障害者の性別の取扱いの特例に関する法律」が成立し、性同一性障害を抱える者のうち、要件を満たした者に限って、戸籍の続柄（法的性別）の変更を裁判所が認めることができるようになりました。要件とは「①18歳以上であること、②現に婚姻をしていないこと、③現に未成年の子がいないこと、④生殖腺がないこと又は生殖腺の機能を永続的に欠く状態にあること、⑤その身体について他の性別に係る身体の性器に係る部分に近似する外観を備えていること」であり、2名以上の医師から性同一性障害の医学的診断を受けていることが規定されています。

4　「性的マイノリティ」に関する取組

性同一性障害などの性的マイノリティに関する理解と対応が必要とされています。例えば、自殺対策基本法をもとに作成された「自殺総合対策大綱」では、2012年の見直しで、社会全体の自殺リスクを低下させる取組として「性的マイノリティの方等に対する支援の充実」が加えられています。いじめ対策推進法をもとに作成された「いじめの防止等のための基本的な方針」では、2017年の改訂で「性同一性障害や性的指向・性自認について、教職員への正しい理解の促進や、学校として必要な対応について周知する」ことで、性的指向や性自認を理由とする児童生徒へのいじめを防止するよう定めています。学校では、教職員が多様な性に関する理解を深め、性的マイノリティに配慮した環境調整を図ることが課題になっています。

（相樂直子）

[９　性に関する課題]

Q64
新提要が求める性に関する課題への対応のポイントは何ですか。

1　エイズ及び性感染症

　年間の推移を見ると、HIV感染者とエイズ患者は減少傾向、感染症法で規定されている性感染症のうち、性器クラミジア感染症・性器ヘルペスウィルス感染症・尖形コンジローマ・淋菌感染症については横ばいとなっています。一方、近年大きく増加しているのが梅毒で、特に女性の感染者が増えています。HIV及び性感染症は、誰もが感染する可能性があることを前提に、保健の授業等で児童生徒たちが正しい知識を得ること、予防法や検査、相談の重要性を理解すること、そして健康相談では、児童生徒が個別に抱える悩みや不安に応じることが大切になります。

2　人工妊娠中絶

　人工妊娠中絶届出件数及び人工妊娠中絶実施率は、全般的に減少傾向が続いています。厚生労働省の報告では、2021年度20歳未満の女子の人工妊娠中絶件数は9093件、人工妊娠中絶実施率（女子人口千対）は3.3となっています。女性の人権としてリプロダクティブ・ヘルス/ライツ（性と生殖に関する健康と権利）が提唱され、「産む/産まない」を選択する権利が保障されています。

　しかし、社会的自立が不十分である若年層にとって、望まない妊娠において人工妊娠中絶を選択せざるを得ない状況もあり、適切な対応・援助が必要です。学校では、養護教諭や担任、SC等が窓口となり、保護者や学

校医、産婦人科医等と連携した対応を図ることが重要です。

3　性犯罪・性暴力

　内閣府は、性犯罪・性暴力の根絶に向けた取組として「教育・啓発活動を通じた社会の意識改革と暴力予防」の検討を進め、児童生徒を性暴力の加害者、被害者、傍観者にさせないための「生命（いのち）の安全教育」を推進しています。ここでは、文部科学省と内閣府が作成した指導の手引きや教材が公開されています。教材は、児童生徒の発達段階に応じて作成されており、「水着に隠れる部分」（幼児期から小学校）、「SNSの危険性」（小学校5年生以降）、「性暴力について」（中学校以降）、「デートDV」（中学校以降）等があります。学校の状況や各教科等の目標・内容などを踏まえ、教育課程内外の様々な活動で適切に活用することが求められています。

4　性的マイノリティ

　性的マイノリティの当事者は、周囲に理解されにくい状況から、自分から打ち明けること（カミングアウト）は難しく、一人で思い悩んでいるケースが少なくありません。LGBTQ+の児童生徒は、いじめ被害や自傷行為、自殺念慮の経験率が高いことが報告されており（日高、2022）、性に関する課題が二次的な被害につながっていることも分かっています。当事者本人の話をよく聴き、困り感や希望を聞きながらともに考える姿勢を示すこと、深刻な悩みはSCなどの専門家とともに対応することが重要でしょう。加えて、学校では性別によって分かれる場面や活動が多くあることから、性的マイノリティの児童生徒が苦痛を感じないような工夫について本人と検討し、環境調整を図ることも重要な視点になります。

（相樂直子）

[参考文献]
・日高庸晴『性的マイノリティ（LGBTQ+）の自殺対策を自治体で進めていくために〜自殺総合対策大綱に基づいて〜』プライドハウス東京、2022年

Q65
生徒指導の４層構造の観点からどのような取組をすればよいですか。

1　発達支持的生徒指導

　「性」は人権に関わる重要なものであり、「性に関する指導」は児童生徒の人権を尊重する取組です。このことを、関係者全体でしっかり認識し、共通理解のもとに進めることが前提になります。具体的な取組として、児童生徒の性に関する課題の共有、適切な指導や援助についての検討があります。教職員研修等では、社会的な動向を踏まえ、性に関する最新の情報や知識のアップデートを図ることも有効でしょう。特定の者だけでなく関係者全体で、児童生徒の性に関する課題に向き合い、取り組むことが、全ての児童生徒の発達を支えることに寄与します。

2　課題予防的生徒指導：課題未然防止教育

　性に関する課題の未然防止をねらいとした教育プログラムとして、性犯罪・性暴力の根絶に向けて推進されている「生命（いのち）の安全教育」があります。ここでは、児童生徒の発達段階に応じた指導のねらいや教材が示されており、教育課程内外の活動と関連付けて適切に活用することが求められています。また、2017年より順次改訂された小学校・中学校・高等学校の学習指導要領では、性に関する課題に関連した内容が複数位置付けられています。例えば、保健の授業では、思春期の体の変化（小学校４年）、生殖に関わる機能の成熟・成熟に伴う変化に対応した適切な行動（中学校）、エイズ・性感染症の予防（中学校・高校）、特別活動では、思春期の不安や

悩みの解決・性的な発達への適応（中学校）等があります。今後は、性に関する課題に関わる活動を関連付け、保護者や地域との連携・協働のもと、系統的に実施することが求められます。また、人権とジェンダー平等を基盤とし、性教育の国際的な指針である「国際セクシュアリティ教育ガイダンス」を参考に、指導内容を見直すことも課題と言えるでしょう。

3　課題予防的生徒指導：課題早期発見対応

　児童生徒の性に関する課題の早期発見・早期対応には、複数の関係者による観察と児童生徒の多面的理解が重要になります。観察の視点は、体調や心身の訴え、生活習慣の乱れ、表情や言動、対人関係の変化、遅刻や欠席の状況、保健室や相談室の利用状況等があり、関係者が情報を共有し、普段とは異なる様子（SOS）を見逃さないことです。性は、人権に関わるプライバシー性の高い内容であることに留意し、児童生徒が自分からは言い出しにくいことを十分理解し、言動の意味や意図を考えることも必要になります。児童生徒のSOSをキャッチしたら、気持ちに寄り添いながら、困り感や希望を聞き、具体策を一緒に考えていきます。

4　困難課題対応的生徒指導

　特別な指導・援助を必要とする特定の児童生徒を対象に、校内の教職員、及び校外関係機関との連携・協働により対応します。性に関する課題については、本人の許可なく他の人に話すこと（アウティング）で、深刻な被害につながる場合があることに十分留意しなければなりません。児童生徒本人や保護者と情報共有の範囲・内容を確認し、チーム内守秘義務の視点から対応することが必要になります。　　　　　　　　　　　　　（相樂直子）

[参考文献]
• ユネスコ編『国際セクシュアリティ教育ガイダンス　改訂版　科学的根拠に基づいたアプローチ』明石書店、2020年

> ［10　多様な背景を持つ児童生徒への生徒指導］
> # Q66
> ## 多様な背景を持つ児童生徒に関して押さえておくべき法規について教えてください。

1　障害を理由とする差別の推進に関する法律（障害者差別解消法）とは

2016年障害者差別解消法が施行されました。「障害」には、知的障害、身体障害、精神障害（発達障害を含む）、その他の心身の障害があります（第2条）。障害者差別解消法では、障害を理由とする「不当な差別的な取り扱い」の禁止（第4条）と障害者への「合理的配慮の提供」（第5条）が定められています。合理的配慮の提供とは、障害者から意思の表明があった場合、その実施に伴う負担が過重でないときは、社会的障壁の除去の実施について必要かつ合理的な配慮に努めることです。

発達障害がある児童生徒には、学習内容についての変更・調整をしたり、ICTを利用したりするなどの配慮を行います。具体的な合理的配慮は、管理職、生徒指導主事、教育相談コーディネーター、養護教諭等のチームが、児童生徒や保護者の意見を聞きながら進めます。可能な合理的配慮をすみやかに始めて、よりよい配慮を目指すことが重要です。

2　発達障害者支援法

2004年発達障害の早期発見と発達障害者の社会参加の促進のための支援を行うことを目的に、発達障害者支援法が制定されました。発達障害は自閉症、学習障害、注意欠陥多動性障害など脳機能の障害であり、その症状が通常低年齢において発現するものと定義されています（第2条）。平成

28年の改訂において、発達障害児の教育に関しては、可能な限り発達障害児ではない児童と共に教育を受けられるような配慮、発達障害による困難な課題に対応するための個別の教育支援計画および個別の指導計画の作成が明記されています（第8条）。

3　学校保健安全法

1958年制定の「学校保健法」は、2008年「学校保健安全法」と改称されました。学校における保健管理と安全管理に関する法律です。主として児童生徒及び教職員の健康の維持増進を図ることを目指しています。児童生徒の心身の健康については、健康相談（第8条）や健康観察（第9条）に努めることとされています。健康観察は、学級・ホームルーム担任や養護教諭が中心となり、全教職員が教育活動全体で行います。また健康相談は、養護教諭が学校医等、学級・ホームルーム担任等と協働して行います。コロナ禍のなか、教職員による健康観察と健康相談は、児童生徒の学校生活の維持のためにきわめて重要な働きをしています。

4　児童福祉法

1947年に制定された児童福祉法は、18歳未満の児童の福祉に関わる基本となる法律であり改訂を重ねています（Q48参照）。児童の権利に関する条約を踏まえて、「児童の保護者は、児童を心身ともに健やかに育成することについて第一義的責任を負う」とし、さらに「国及び地方公共団体は、児童の保護者とともに、児童を心身ともに健やかに育成する責任を負う」としています（第2条）。保護者の養育権限や責任を示すとともに、行政機関の養育責任が明記されています。教職員は、家庭環境において困難を抱える児童生徒を早期に発見し、児童生徒を適切に支援する必要があります。学校の支援には、家庭への支援と行政による積極的な支援につなげることが含まれています。

（石隈利紀）

▶
［10　多様な背景を持つ児童生徒への生徒指導］
Q67
新提要が求める多様な背景を持つ児童生徒への対応のポイントは何ですか。
◀

1　発達障害

　発達障害は、生まれつきの脳の働き方の違いにより学習面、情緒面、社会面に大きな特徴（凸凹）がある状態です。2022年文部科学省の調査では、学習面又は行動面で著しい困難を示す児童生徒の割合は8.8％でした。発達障害の可能性のある児童生徒が学級に2人から3人いることになり、「診断」の有無ではなく児童生徒の課題の困難さに応じて生徒指導を行います。

　発達障害のある児童生徒のつまずきや失敗は、努力不足や意欲の問題などと誤って捉えられがちです。注意や叱責の蓄積により、自分は努力してもできないという学習性無力感や不登校などの二次的な問題に発展することがあります。生徒指導においては、児童生徒の失敗の要因、児童生徒のよさ・強み（自助資源）や援助資源をていねいにアセスメントして、個別に適切な支援を行う必要があります。校内連携型支援チーム、ネットワーク型支援チームによる個別の教育支援計画の実践が鍵を握ります。

2　精神疾患

　主な精神疾患には、うつ病、統合失調症、不安症群、摂食障害などがあります。多くの精神疾患は思春期から青年期に始まると言われています。また不安、抑うつ気分、不眠などは、「よくありがちな」症状ですが、そのままにしておくと精神疾患の症状へと発展する恐れもあります。精神疾患は誰でもかかることがあり、精神疾患の発症には睡眠など生活習慣が影

響します。児童生徒自身や教職員が、自分らしくない行動・その人らしくない行動など心の不調があったら、早めに誰かに相談するようにすることです。児童生徒に精神疾患の疑いがある場合は、養護教諭や医師を含めたネットワーク型支援チームで支援することが必要です。生徒指導は、精神疾患のある児童生徒が、困難を抱えながら、学校教育を通して自分のよさや可能性を伸ばしていくことを目指します。

3　健康課題

　児童生徒の心身の健康課題の背景は多様化しています。児童生徒の健康課題のアセスメントと対応は、チーム学校で行います。したがって、校内連携型支援チームである生徒指導部会には、養護教諭が構成メンバーになることが求められます。健康観察では、学級・ホームルーム担任や養護教諭も含めた全教職員が教育活動全体を通して行います。課題のアセスメントにおいては、生物学的要因・心理学的要因・社会的要因から多面的に捉えます（BPSモデル）（新提要pp.90-91、p.280）。そして健康相談では、養護教諭、学校医・学校歯科医・学校薬剤師、学級・ホームルーム担任等のネットワーク型支援チームが鍵を握ります。養護教諭は、保健室の来室状況から身体に表れる児童生徒のSOSのサインや児童虐待の兆候を発見します。また健康相談結果などは、生徒指導や教育相談を実施する上での重要な資料になります。

4　支援を要する家族

　多様な背景を持つ児童生徒は、課題のリスクの高い児童生徒です。SSWや関係機関と連携したネットワーク型支援チームによる家族支援を通して、成長発達における不利益を最小限にすることを目指します。保護者との対応では、家庭の在り方を批判したり指導したりするのではなく、その多様性を認め、家庭と学校が協働することが重要です。　（石隈利紀）

Q68
生徒指導の４層構造の観点からどのような取組を
すればよいですか。

1　発達支持的生徒指導

　発達支持的生徒指導の対象である全ての児童生徒には、発達障害、精神疾患、健康課題などがある児童生徒、支援を要する家庭の児童生徒も含まれていることを忘れてはいけません。児童生徒の多様性を認め、全ての児童生徒が安全・安心を感じる学級・ホームルームづくりが土台となります。日常的な声かけ、励まし等を通して、多様な背景を持つ児童生徒の自己効力感やコミュニケーション力が育つような働きかけを行います。

2　課題予防的生徒指導：課題未然防止教育

　課題未然防止教育として、授業や学級・ホームルーム活動等において、障害、文化等の多様性を個性として受け容れ、よさや可能性を伸ばす共生教育が求められます。発達障害等多様な背景を持つ児童生徒には、SOSの出し方教育など未然防止教育が有効です。校内連携型支援チームである生徒指導部を中心にして、SCの協力も得ながら、課題未然防止教育を年間指導計画に位置付けることが重要です。

3　課題予防的生徒指導：課題早期発見対応

　多様な背景を持つ児童生徒は課題のリスクが高い児童生徒であり、課題未然防止教育の対象です。校内連携型支援チームで、発達障害など多様な

背景を持つ児童生徒のリストを作り、早期に対応することが求められます。一方、児童生徒のSOSから多様な背景の課題が発見されることもあります。例えば不自然なけがでよく保健室に来る児童生徒は、健康面の課題だけでなく、心理社会面の課題の予兆であると同時に、児童虐待が疑われたりする場合もあります。さらに進路に希望が持てない児童生徒の背景に、貧困、児童虐待など支援を要する家庭の課題があることもあります。課題を早期に発見して、指導・援助につなげることが求められます。

4　困難課題対応的生徒指導

　多様な背景を持つ児童生徒は学校生活において困難課題を持つことが多く、児童生徒が多様な背景や課題を持ちながら、よさや可能性を伸ばしていけるような困難課題対応的生徒指導を行います。児童生徒に障害がある場合は、障害者差別解消法で求められている合理的配慮をします。困難課題対応的生徒指導の鍵は、一人一人の児童生徒の状況のアセスメントとそれに基づく個別の教育支援計画などです。観察や面談等を通して、学習面、心理面、社会面、健康面等の包括的アセスメントを行います。発達障害が疑われる場合は、SCや専門機関との連携で、知的発達の水準や認知特性をみるWISC-V、認知能力と習熟度の差をみるKABC-Ⅱなどの活用により、児童生徒の得意な学習様式を発見することが求められます。さらに個別の指導計画、個別の教育支援計画を作成することが、発達障害者支援法で明記されています。児童生徒の教育ニーズに応じて、「通級による指導」、相談室、保健室、地域の専門機関などが支援の場所となります。
　困難課題対応的生徒指導は、機動的連携支援チーム、校内連携型支援チーム、ネットワーク型支援チーム等で推進します。生徒指導主事も生徒指導上の課題と心身の健康問題や障害、家庭の課題等が相互に関係していることから、積極的に地域の関係機関等とネットワークを構築していくことが必要です。関係機関との連携では、①目的と内容の明確化、②保護者との信頼関係、③個別の教育支援計画などの活用がポイントとなります。　　　　（石隈利紀）

資料

生徒指導提要（改訂版）
第Ⅰ部

第Ⅰ部　生徒指導の基本的な進め方

第1章　生徒指導の基礎

1.1　生徒指導の意義

1.1.1　生徒指導の定義と目的
（1）　生徒指導の定義

　学校教育の目的は、「人格の完成を目指し、平和で民主的な国家及び社会の形成者として必要な資質を備えた心身ともに健康な国民の育成」（教育基本法第1条）を期することであり、また、「個人の価値を尊重して、その能力を伸ばし、創造性を培い、自主及び自律の精神を養う」（同法第2条第2号）ことが目標の一つとして掲げられています。この学校教育の目的や目標達成に寄与する生徒指導を定義すると、次のようになります。

> 生徒指導の定義
> 　生徒指導とは、児童生徒が、社会の中で自分らしく生きることができる存在へと、自発的・主体的に成長や発達する過程を支える教育活動のことである。なお、生徒指導上の課題に対応するために、必要に応じて指導や援助を行う。

　生徒指導は、児童生徒が自身を個性的存在として認め、自己に内在しているよさや可能性に自ら気付き、引き出し、伸ばすと同時に、社会生活で必要となる社会的資質・能力を身に付けることを支える働き（機能）です。したがって、生徒指導は学校の教育目標を達成する上で重要な機能を果たすものであり、学習指導と並んで学校教育において重要な意義を持つものと言えます。
（2）　生徒指導の目的

　生徒指導の目的は、教育課程の内外を問わず、学校が提供する全ての教育活動の中で児童生徒の人格が尊重され、個性の発見とよさや可能性の伸長を児童生徒自らが図りながら、多様な社会的資質・能力を獲得し、自らの資質・能力を適切に行使して自己実現を果たすべく、自己の幸福と社会の発展を児童生徒自らが追求することを支えるところに求められます。

> 生徒指導の目的
> 　生徒指導は、児童生徒一人一人の個性の発見

とよさや可能性の伸長と社会的資質・能力の発達を支えると同時に、自己の幸福追求と社会に受け入れられる自己実現を支えることを目的とする。

　生徒指導において発達を支えるとは、児童生徒の心理面（自信・自己肯定感等）の発達のみならず、学習面（興味・関心・学習意欲等）、社会面（人間関係・集団適応等）、進路面（進路意識・将来展望等）、健康面（生活習慣・メンタルヘルス等）の発達を含む包括的なものです。

　また、生徒指導の目的を達成するためには、児童生徒一人一人が自己指導能力を身に付けることが重要です。児童生徒が、深い自己理解に基づき、「何をしたいのか」、「何をするべきか」、主体的に問題や課題を発見し、自己の目標を選択・設定して、この目標の達成のため、自発的、自律的、かつ、他者の主体性を尊重しながら、自らの行動を決断し、実行する力、すなわち、「自己指導能力」を獲得することが目指されます。児童生徒は、学校生活における多様な他者との関わり合いや学び合いの経験を通して、学ぶこと、生きること、働くことなどの価値や課題を見いだしていきます。その過程において、自らの生き方や人生の目標が徐々に明確になります。学校から学校への移行、学校から社会への移行においても、主体的な選択・決定を促す自己指導能力が重要です。

1.1.2　生徒指導の実践上の視点

　これからの児童生徒は、少子高齢化社会の出現、災害や感染症等の不測の社会的危機との遭遇、高度情報化社会での知識の刷新やICT活用能力の習得、外国の人々を含め多様な他者との共生と協働等、予測困難な変化や急速に進行する多様化に対応していかなければなりません。

　児童生徒の自己指導能力の獲得を支える生徒指導では、多様な教育活動を通して、児童生徒が主体的に課題に挑戦してみることや多様な他者と協働して創意工夫することの重要性等を実感することが大切です。以下に、その際に留意する実践上の視点を示します。
（1）　自己存在感の感受

　児童生徒の教育活動の大半は、集団一斉型か小集団型で展開されます。そのため、集団に個が埋没してしまう危険性があります。そうならないようにするには、学校生活のあらゆる場面で、「自

分も一人の人間として大切にされている」という自己存在感を、児童生徒が実感することが大切です。また、ありのままの自分を肯定的に捉える自己肯定感や、他者のために役立った、認められたという自己有用感を育むことも極めて重要です。

(2) 共感的な人間関係の育成

　学級経営・ホームルーム経営（以下「学級・ホームルーム経営」という。）の焦点は、教職員と児童生徒、児童生徒同士の選択できない出会いから始まる生活集団を、どのようにして認め合い・励まし合い・支え合える学習集団に変えていくのかということに置かれます。失敗を恐れない、間違いやできないことを笑わない、むしろ、なぜそう思ったのか、どうすればできるようになるのかを皆で考える支持的で創造的な学級・ホームルームづくりが生徒指導の土台となります。そのためには、自他の個性を尊重し、相手の立場に立って考え、行動できる相互扶助的で共感的な人間関係をいかに早期に創りあげるかが重要となります。

(3) 自己決定の場の提供

　児童生徒が自己指導能力を獲得するには、授業場面で自らの意見を述べる、観察・実験・調べ学習等を通じて自己の仮説を検証してレポートする等、自ら考え、選択し、決定する、あるいは発表する、制作する等の体験が何より重要です。児童生徒の自己決定の場を広げていくために、学習指導要領が示す「主体的・対話的で深い学び」の実現に向けた授業改善を進めていくことが求められます。

(4) 安全・安心な風土の醸成

　児童生徒一人一人が、個性的な存在として尊重され、学級・ホームルームで安全かつ安心して教育を受けられるように配慮する必要があります。他者の人格や人権をおとしめる言動、いじめ、暴力行為などは、決して許されるものではありません。お互いの個性や多様性を認め合い、安心して授業や学校生活が送れるような風土を、教職員の支援の下で、児童生徒自らがつくり上げるようにすることが大切です。そのためには、教職員による児童生徒への配慮に欠けた言動、暴言や体罰等が許されないことは言うまでもありません。

1.1.3　生徒指導の連関性

(1) 生徒指導とキャリア教育

　生徒指導と同様に、児童生徒の社会的自己実現を支える教育活動としてキャリア教育があります。生徒指導を進める上で、両者の相互作用を理解して、一体となった取組を行うことが大切です。

　小・中学校学習指導要領の総則において、キャリア教育について「児童（生徒）が、学ぶことと自己の将来とのつながりを見通しながら、社会的・職業的自立に向けて必要な基盤となる資質・能力を身に付けていくことができるよう、特別活動を要としつつ各教科等の特質に応じて、キャリア教育の充実を図ること。」と示されています。キャリア教育を学校教育全体で進めるという前提の下、これまでの教科の学びや体験活動等を振り返るなど、教育活動全体の取組を自己の将来や社会につなげていくことが求められています。

　進路指導については、「その中で、生徒が自らの生き方を考え主体的に進路を選択することができるよう、学校の教育活動全体を通じ、組織的かつ計画的な進路指導を行うこと。」（中学校）とあります。つまり、キャリア教育の中に進路指導が包含されており、高等学校の学習指導要領にも同様の内容が示されています。さらに、小学校学習指導要領第6章、中学校及び高等学校学習指導要領第5章の特別活動の学級活動・ホームルーム活動（以下「学級・ホームルーム活動」という。）の内容項目(3)が「一人一人のキャリア形成と自己実現」となっており、小・中・高を通じたキャリア教育の積み重ねの重要性が指摘されています（→2.5.3 学級・ホームルーム活動と生徒指導）。

　いじめや暴力行為などの生徒指導上の課題への対応においては、児童生徒の反省だけでは再発防止力は弱く、自他の人生への影響を考えること、自己の生き方を見つめること、自己の内面の変化を振り返ること及び将来の夢や進路目標を明確にすることが重要です。したがって、生徒指導とキャリア教育は、深い関係にあると言えます。

(2) 生徒指導と教育相談

　教育相談は、生徒指導から独立した教育活動ではなく、生徒指導の一環として位置付けられるものであり、その中心的役割を担うものと言えます。教育相談の特質と、生徒指導の関係は以下のとおりです。

①個別性・多様性・複雑性に対応する教育相談

　教育相談とは、一人一人の児童生徒の教育上の諸課題について、本人又は保護者などにその望ましい在り方について助言をするものと理解されてきました。教育相談には、個別相談やグ

ループ相談などがありますが、児童生徒の個別性を重視しているため、主に個に焦点を当てて、面接やエクササイズ（演習）を通して個の内面の変容を図ることを目指しています。それに対して、生徒指導は主に集団に焦点を当て、学校行事や体験活動などにおいて、集団としての成果や発展を目指し、集団に支えられた個の変容を図ります。

　また、社会の急激な変化とともに、児童生徒の発達上の多様性や家庭環境の複雑性も増しています。例えば、深刻ないじめ被害のある児童生徒や長期の不登校児童生徒への対応、障害のある児童生徒等、特別な配慮や支援を要する児童生徒への対応、児童虐待や家庭の貧困、家族内の葛藤、保護者に精神疾患などがある児童生徒への対応、性同一性障害や性的指向・性自認に係る児童生徒への対応などが求められます。その意味では、生徒指導における教育相談は、現代の児童生徒の個別性・多様性・複雑性に対応する生徒指導の中心的な教育活動だと言えます。

②生徒指導と教育相談が一体となったチーム支援
　　教育相談は、どちらかといえば事後の個別対応に重点が置かれていましたが、不登校、いじめや暴力行為等の問題行動、子供の貧困、児童虐待等については、生徒指導と教育相談が一体となって、「事案が発生してからのみではなく、未然防止、早期発見、早期支援・対応、さらには、事案が発生した時点から事案の改善・回復、再発防止まで一貫した支援」に重点をおいたチーム支援体制をつくることが求められています。

1.2　生徒指導の構造

1.2.1　2軸3類4層構造

　生徒指導は、児童生徒の課題への対応を時間軸

や対象、課題性の高低という観点から類別することで、構造化することができます。生徒指導の分類を示すと、図1のようになります。

(1) 生徒指導の2軸
　児童生徒の課題への対応の時間軸に着目すると、図1の右端のように2分されます。
①常態的・先行的（プロアクティブ）生徒指導
　　日常の生徒指導を基盤とする発達支持的生徒指導（→1.2.2 発達支持的生徒指導）と組織的・計画的な課題未然防止教育（→1.2.3 課題予防的生徒指導：課題未然防止教育）は、積極的な先手型の常態的・先行的（プロアクティブ）生徒指導と言えます。
②即応的・継続的（リアクティブ）生徒指導
　　課題の予兆的段階や初期状態における指導・援助を行う課題早期発見対応（→1.2.4 課題予防的生徒指導：課題早期発見対応）と、深刻な課題への切れ目のない指導・援助を行う困難課題対応的生徒指導（→1.2.5 困難課題対応的生徒指導）は、事後対応型の即応的・継続的（リアクティブ）生徒指導と言えます。

(2)　生徒指導の3類
　生徒指導の課題性（「高い」・「低い」）と課題への対応の種類から分類すると、図1のように以下の3類になります。
①発達支持的生徒指導
　　全ての児童生徒の発達を支えます。
②課題予防的生徒指導
　　全ての児童生徒を対象とした課題の未然防止教育と、課題の前兆行動が見られる一部の児童生徒を対象とした課題の早期発見と対応を含みます。
③困難課題対応的生徒指導
　　深刻な課題を抱えている特定の児童生徒への指導・援助を行います。

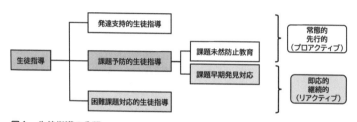

図1　生徒指導の分類

(3)　生徒指導の4層

　図2は、図1の2軸3類に加えて、生徒指導の対象となる児童生徒の範囲から、全ての児童生徒を対象とした第1層「発達支持的生徒指導」と第2層「課題予防的生徒指導：課題未然防止教育」、一部の児童生徒を対象とした第3層「課題予防的生徒指導：課題早期発見対応」、そして、特定の生徒を対象とした第4層「困難課題対応的生徒指導」の4層から成る生徒指導の重層的支援構造を示したものです。以下で、具体的に各層について説明します。

1.2.2　発達支持的生徒指導

　発達支持的生徒指導は、特定の課題を意識することなく、全ての児童生徒を対象に、学校の教育目標の実現に向けて、教育課程内外の全ての教育活動において進められる生徒指導の基盤となるものです。発達支持的というのは、児童生徒に向き合う際の基本的な立ち位置を示しています。すなわち、あくまでも児童生徒が自発的・主体的に自らを発達させていくことが尊重され、その発達の過程を学校や教職員がいかに支えていくかという視点に立っています。すなわち、教職員は、児童生徒の「個性の発見とよさや可能性の伸長と社会的資質・能力の発達を支える」ように働きかけます。

　発達支持的生徒指導では、日々の教職員の児童生徒への挨拶、声かけ、励まし、賞賛、対話、及び、授業や行事等を通した個と集団への働きかけが大切になります。例えば、自己理解力や自己効力感、コミュニケーション力、他者理解力、思い

やり、共感性、人間関係形成力、協働性、目標達成力、課題解決力などを含む社会的資質・能力の育成や、自己の将来をデザインするキャリア教育など、教員だけではなくスクールカウンセラー（以下「SC」という。）等の協力も得ながら、共生社会の一員となるための市民性教育・人権教育等の推進などの日常的な教育活動を通して、全ての児童生徒の発達を支える働きかけを行います。このような働きかけを、学習指導と関連付けて行うことも重要です。意図的に、各教科、「特別の教科　道徳」（以下「道徳科」という。）、総合的な学習（探究）の時間、特別活動等と密接に関連させて取組を進める場合もあります。

1.2.3　課題予防的生徒指導：課題未然防止教育

　課題予防的生徒指導は、課題未然防止教育と課題早期発見対応から構成されます。課題未然防止教育は、全ての児童生徒を対象に、生徒指導の諸課題の未然防止をねらいとした、意図的・組織的・系統的な教育プログラムの実施です。

　具体的には、いじめ防止教育、SOSの出し方教育を含む自殺予防教育、薬物乱用防止教育、情報モラル教育、非行防止教室等が該当します。生徒指導部を中心に、SC等の専門家等の協力も得ながら、年間指導計画に位置付け、実践することが重要です。

1.2.4　課題予防的生徒指導：課題早期発見対応

　課題早期発見対応では、課題の予兆行動が見られたり、問題行動のリスクが高まったりするな

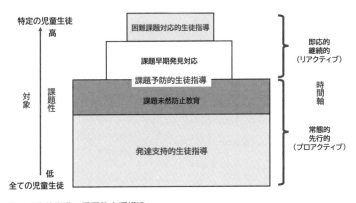

図2　生徒指導の重層的支援構造

ど、気になる一部の児童生徒を対象に、深刻な問題に発展しないように、初期の段階で諸課題を発見し、対応します。例えば、ある時期に成績が急落する、遅刻・早退・欠席が増える、身だしなみに変化が生じたりする児童生徒に対して、いじめや不登校、自殺などの深刻な事態に至らないように、早期に教育相談や家庭訪問などを行い、実態に応じて迅速に対応します。

特に、早期発見では、いじめアンケートのような質問紙に基づくスクリーニングテストや、SCやスクールソーシャルワーカー（以下「SSW」という。）を交えたスクリーニング会議によって気になる児童生徒を早期に見いだして、指導・援助につなげます。

また、早期対応では、主に、学級・ホームルーム担任が生徒指導主事等と協力して、機動的に課題解決を行う機動的連携型支援チームで対応することとなります。しかし、問題によっては、生徒指導主事や生徒指導担当、教育相談コーディネーター（教育相談担当主任等）や教育相談担当、学年主任、特別支援教育コーディネーター、養護教諭、SC、SSW等の教職員が協働して校内連携型支援チームを編成し、組織的なチーム支援によって早期に対応することが望まれます。

1.2.5　困難課題対応的生徒指導

いじめ、不登校、少年非行、児童虐待など特別な指導・援助を必要とする特定の児童生徒を対象に、校内の教職員（教員、SC、SSW等）だけでなく、校外の教育委員会等（小中高等学校又は特別支援学校を設置する国公立大学法人、学校法人、大学を設置する地方公共団体の長及び学校設置会社を含む。）、警察、病院、児童相談所、NPO等の関係機関との連携・協働による課題対応を行うのが、困難課題対応的生徒指導です。困難課題対応的生徒指導においては、学級・ホームルーム担任による個別の支援や学校単独では対応が困難な場合に、生徒指導主事や教育相談コーディネーターを中心にした校内連携型支援チームを編成したり、校外の専門家を有する関係機関と連携・協働したネットワーク型支援チームを編成したりして対応します。

児童生徒の背景には、児童生徒の個人の性格や社会性、学習障害・注意欠陥多動性障害・自閉症などの発達障害といった個人的要因、児童虐待・家庭内暴力・家庭内の葛藤・経済的困難などの家庭的要因、また、友人間での人間関係に関する要因など、様々な要因が絡んでいます。学校として、このような課題の背景を十分に理解した上で、課題に応じて管理職、生徒指導主事、学級・ホームルーム担任、養護教諭、SC、SSW等の専門家で構成される校内連携型支援チームや、関係機関等との連携・協働によるネットワーク型支援チームを編成して、計画的・組織的・継続的な指導・援助を行うことが求められます。

生徒指導と言うと、課題が起き始めたことを認知したらすぐに対応する（即応的）、あるいは、困難な課題に対して組織的に粘り強く取り組む（継続的）というイメージが今も根強く残っています。しかし、いじめの重大事態や暴力行為の増加、自殺の増加などの喫緊の課題に対して、起きてからどう対応するかという以上に、どうすれば起きないようになるのかという点に注力することが大切です。

いじめを例にすると、いじめの疑いのある段階からの発見やいじめを認知した段階で迅速な対処を行う課題早期発見対応、そして、いじめ解消に向けた困難課題対応的生徒指導が重要であることは言うまでもありませんが、SNSによるいじめなど、教職員に見えにくいいじめへの対応の難しさを考えると、全ての児童生徒を対象に前向きな取組を行うことが求められます。人権意識を高める観点から、例えば、国語の授業で他人を傷つけない言語表現を学習する。あるいは、市民性教育の観点から、ネットでの誹謗中傷的な書き込みの他者への影響等を、道徳科や特別活動等で学習する。こうした取組は、教職員が日常的に児童生徒に働きかける発達支持的生徒指導（常態的）と言えます。同時に、いじめが起きないように積極的にいじめに関する課題未然防止教育（先行的）を、児童会・生徒会と協力して展開することも大切です。

全ての児童生徒を対象にした、人を傷つけない言語表現の学習、情報モラル教育、法教育といった発達支持的生徒指導は、児童生徒の実態と合ったものであれば、いじめの抑止効果を持つことが期待されます。また、課題予防的生徒指導（課題早期発見対応）や困難課題対応的生徒指導を通して、起こった事象を特定の児童生徒の課題として留めずに、学級・ホームルーム、学年、学校、家庭、地域の課題として視点を広げて捉えることによって、全ての児童生徒に通じる指導の在り方が見えてきます。

このように、発達支持的生徒指導や課題予防的
生徒指導（課題未然防止教育）の在り方を改善し
ていくことが、生徒指導上の諸課題の未然防止や
再発防止につながり、課題早期発見対応や困難課
題対応的生徒指導を広い視点から捉え直すこと
が、発達支持的生徒指導につながるという円環的
な関係にあると言えます。その意味からも、これ
からの生徒指導においては、特に常態的・先行的
（プロアクティブ）な生徒指導の創意工夫が一層
必要になると考えられます。

1.3　生徒指導の方法

1.3.1　児童生徒理解

生徒指導に共通する方法として、児童生徒理解
及び集団指導と個別指導の方法原理があります。
まず、児童生徒理解について、考えてみましょ
う。

(1)　複雑な心理・人間関係の理解

生徒指導の基本と言えるのは、教職員の児童生
徒理解です。しかし、経験のある教職員であって
も、児童生徒一人一人の家庭環境、生育歴、能
力・適性、興味・関心等を把握することは非常に
難しいことです。また、授業や部活動などで、日
常的に児童生徒に接していても、児童生徒の感情
の動きや児童生徒相互の人間関係を把握すること
は容易ではありません。さらに、スマートフォン
やインターネットの発達によって、教職員の目の
行き届かない仮想空間で、不特定多数の人と交流
するなど、思春期の多感な時期にいる中学生や高
校生の複雑な心理や人間関係を理解するのは困難
を極めます。したがって、いじめや児童虐待の未
然防止においては、教職員の児童生徒理解の深さ
が鍵となります。

(2)　観察力と専門的・客観的・共感的理解

児童生徒理解においては、児童生徒を心理面の
みならず、学習面、社会面、健康面、進路面、家
庭面から総合的に理解していくことが重要です。
また、学級・ホームルーム担任の日頃のきめ細か
い観察力が、指導・援助の成否を大きく左右しま
す。また、学年担当、教科担任、部活動等の顧問
等による複眼的な広い視野からの児童生徒理解に
加えて、養護教諭、SC、SSWの専門的な立場か
らの児童生徒理解を行うことが大切です。この
他、生活実態調査、いじめアンケート調査等の調
査データに基づく客観的な理解も有効です。特
に、教育相談では、児童生徒の声を、受容・傾聴

し、相手の立場に寄り添って理解しようとする共
感的理解が重要になります。

(3)　児童生徒、保護者と教職員の相互理解の重要性

的確な児童生徒理解を行うためには、児童生
徒、保護者と教職員がお互いに理解を深めること
が大切です。児童生徒や保護者が、教職員に対し
て、信頼感を抱かず、心を閉ざした状態では、広
く深い児童生徒理解はできません。児童生徒や保
護者に対して、教職員が積極的に、生徒指導の方
針や意味などについて伝え、発信して、教職員や
学校側の考えについての理解を図る必要がありま
す。例えば、授業や行事等で教職員が自己開示を
する、あるいは、定期的な学級・ホームルーム通
信を発行することなどを通して、児童生徒や保護
者に教職員や学校に対する理解を促進することが
大切です。

1.3.2　集団指導と個別指導

集団指導と個別指導は、集団に支えられて個が
育ち、個の成長が集団を発展させるという相互作
用により、児童生徒の力を最大限に伸ばし、児童
生徒が社会で自立するために必要な力を身に付け
ることができるようにするという指導原理に基づ
いて行われます。そのためには、教職員は児童生
徒を十分に理解するとともに、教職員間で指導に
ついての共通理解を図ることが必要です。

(1)　集団指導

集団指導では、社会の一員としての自覚と責
任、他者との協調性、集団の目標達成に貢献する
態度の育成を図ります。児童生徒は役割分担の過
程で、各役割の重要性を学びながら、協調性を身
に付けることができます。自らも集団の形成者で
あることを自覚し、互いが支え合う社会の仕組み
を理解するとともに、集団において、自分が大切
な存在であることを実感します。指導において
は、あらゆる場面において、児童生徒が人として
平等な立場で互いに理解し信頼した上で、集団の
目標に向かって励まし合いながら成長できる集団
をつくることが大切です。そのために、教職員に
は、一人一人の児童生徒が
①安心して生活できる
②個性を発揮できる
③自己決定の機会を持てる
④集団に貢献できる役割を持てる
⑤達成感・成就感を持つことができる

⑥集団での存在感を実感できる

⑦他の児童生徒と好ましい人間関係を築ける

⑧自己肯定感・自己有用感を培うことができる

⑨自己実現の喜びを味わうことができる

ことを基盤とした集団づくりを行うように工夫することが求められます。

(2) 個別指導

個別指導には、集団から離れて行う指導と、集団指導の場面においても個に配慮することの二つの概念があります。

授業など集団で一斉に活動をしている場合において、個別の児童生徒の状況に応じて配慮することも個別指導と捉えられます。また、集団に適応できない場合など、課題への対応を求める場合には、集団から離れて行う個別指導の方がより効果的に児童生徒の力を伸ばす場合も少なくありません。『「令和の日本型学校教育」の構築を目指して～全ての子供たちの可能性を引き出す、個別最適な学びと、協働的な学びの実現～（答申）』において指摘されているように、「生徒指導上の課題の増加、外国人児童生徒数の増加、通常の学級に在籍する障害のある児童生徒、子供の貧困の問題等により多様化する子供たち」への対応も含め、誰一人取り残さない生徒指導が求められています。さらに今後、個の課題や家庭・学校環境に応じた、適切かつ切れ目のない生徒指導を行うことが大切となります。

1.3.3　ガイダンスとカウンセリング

生徒指導の集団指導と個別指導に関連して、学習指導要領の第1章「総則」（小学校・中学校は第4、高等学校は第5款）で新設された「児童（生徒）の発達の支援」（以下、括弧内は、中学校と高等学校での表記）の「1　児童（生徒）の発達を支える指導の充実」の「(1)学級経営（高等学校はホームルーム経営）の充実」において、以下のようにガイダンスとカウンセリングの双方による支援の重要性が明記されました。

学習や生活の基盤として、教師と児童（生徒）との信頼関係及び児童（生徒）相互のよりよい人間関係を育てるため、日頃から学級経営の充実を図ること。また、主に集団の場面で必要な指導や援助を行うガイダンスと、個々の児童（生徒）の多様な実態を踏まえ、一人一人が抱える課題に個別に対応した指導を行うカウンセリングの双方により、児童（生徒）の発達を支援すること。

生徒指導上の課題としては、小学校入学後に、うまく集団になじめない、学級が落ち着かないなどの小1プロブレムや、小学校から中学校に移行した際に、不登校児童生徒数や暴力行為の発生件数が増加するなどの中1ギャップが見られます。また、人間関係で多くの児童生徒が悩みを持ち、学習面の不安だけでなく、心理面や進路面での不安や悩みを抱えることも少なくありません。そのような課題に対しては、教職員が児童生徒や学級・ホームルームの実態に応じて、ガイダンスという観点から、学校生活への適応やよりよい人間関係の形成、学習活動や進路等における主体的な取組や選択及び自己の生き方などに関して、全ての児童生徒に、組織的・計画的に情報提供や説明を行います。場合によっては、社会性の発達を支援するプログラム（ソーシャル・スキル・トレーニングやソーシャル・エモーショナル・ラーニング等）などを実施します。

また、カウンセリングという観点からは、児童生徒一人一人の生活や人間関係などに関する悩みや迷いなどを受け止め、自己の可能性や適性についての自覚を深めるように働きかけたり、適切な情報を提供したりしながら、児童生徒が自らの意志と責任で選択、決定することができるようにするための相談・助言等を個別に行います。

ガイダンスとカウンセリングは、教員、SC、SSW等が協働して行う生徒指導において、児童生徒の行動や意識の変容を促し、一人一人の発達を支える働きかけの両輪として捉えることができます。

1.3.4　チーム支援による組織的対応

深刻化、多様化、低年齢化する生徒指導の諸課題を解決するためには、前述のように、学級・ホームルーム担任が一人で問題を抱え込まずに生徒指導主事等と協力して、機動的連携型支援チームで対応することが求められます。また、対応が難しい場合は、生徒指導主事や教育相談コーディネーター、学年主任、養護教諭、SC、SSW等校内の教職員が連携・協働した校内連携型支援チームによる組織的対応が重要となります。さらに、深刻な課題は、校外の関係機関等との連携・協働に基づくネットワーク型支援チームによる地域の

社会資源を活用した組織的対応が必要になります。課題早期発見対応や困難課題対応的生徒指導においては、チームによる指導・援助に基づく組織的対応によって、早期の課題解決を図り、再発防止を徹底することが重要です。また、発達支持的生徒指導や課題未然防止教育においても、チームを編成して学校全体で取組を進めることが求められます。

(1)　チーム支援の特色

チーム支援の特色として、次の２点が挙げられます。

第一は、生徒指導上の課題に取り組んでいる児童生徒一人一人に対して、保護者、学校内の複数の教職員、関係機関の専門家、地域の人々等が、アセスメントに基づいて、支援チームを編成して、課題予防的生徒指導や困難課題対応的生徒指導を行います。

第二に、チーム支援のプロセスは、①チーム支援の判断とアセスメントの実施、②課題の明確化と目標の共有、③チーム支援計画の作成、④支援チームによる実践、⑤点検・評価に基づくチーム支援の終結・継続と捉えることができます。

(2)　チーム支援の留意点

チーム支援においては、児童生徒の学習情報、健康情報、家庭情報等極めて慎重な取扱いを要する個人情報を扱います。そのため、守秘義務や説明責任等に注意をしなければなりません。以下は、チーム支援のみならず、生徒指導全般にも共通する留意事項です。

①合意形成と目標の共通理解

チーム支援に関して、保護者や児童生徒と事前に、「何のために」「どのように進めるのか」「情報をどう扱い、共有するのか」という点に関して、合意形成や共通理解を図ります。

②守秘義務と説明責任

参加するメンバーは、個人情報を含めチーム支援において知り得た情報を守秘しなければなりません。チーム内守秘義務（集団守秘義務）が重要です。学校や教職員は、保護者や地域社会に対して、説明責任を有し、情報公開請求に応えることも求められます。特に、当該児童生徒の保護者の知る権利への配慮が大切です。

③記録保持と情報セキュリティ

会議録、各種調査票、チーム支援計画シート、教育相談記録等を、的確に作成し、規定の期間保持することが必要です。これらの情報資産については、自治体が定める教育情報セキュリティポリシーに準拠して慎重に取り扱うことが求められます。

1.4　生徒指導の基盤

1.4.1　教職員集団の同僚性

組織的かつ効果的に生徒指導を実践するためには、教職員同士が支え合い、学び合う同僚性が基盤となります。教職員や専門スタッフ等の多職種で組織される学校がチームとして実効的に機能するには、職場の組織風土（雰囲気）が大切です。換言すると、学級・ホームルーム担任中心の抱え込み型生徒指導から、多職種による連携・協働型生徒指導へと転換していく際に重要となるのは、職場の人間関係の有り様です。

(1)　教職員の受容的・支持的・相互扶助的な人間関係

組織的・効果的な生徒指導を行うには、教職員が気軽に話ができる、生徒指導実践について困ったときに、同僚教職員やスタッフに相談に乗ってもらえる、改善策や打開策を親身に考えてもらえる、具体的な助言や助力をしてもらえる等、受容的・支持的・相互扶助的人間関係が形成され、組織として一体的な動きをとれるかどうかが鍵となります。また、職能開発という点からも、教職員が絶えず自らの生徒指導実践を振り返り、教職員同士で相互に意見を交わし、学び合うことのできる同僚関係が不可欠です。

(2)　教職員のメンタルヘルスの維持とセルフ・モニタリング

生徒指導を実践する上で、教職員のメンタルヘルスの維持は重要です。生徒指導では、未経験の課題性の高い対応を迫られることがあります。自分の不安や困り感を同僚に開示できない、素直に助けてほしいといえない、努力しているが解決の糸口がみつからない、自己の実践に肯定的評価がなされない等により、強い不安感、焦燥感、閉塞感、孤立感を抱き、心理的ストレスの高い状態が継続することがあります。この状態が、常態化するとバーンアウト（燃え尽き症候群）のリスクが高まります。

それに対して、受容的・支持的・相互扶助的な同僚性がある職場であれば、バーンアウトの軽減効果が期待されます。また、自分の心理状態を振り返る、セルフ・モニタリングも重要です。不安や苦しみを自覚したときに、一人で抱え込まず、

SCも含めて身近な教職員に相談できる職場の雰囲気や体制の整備が求められます。

1.4.2　生徒指導マネジメント

　生徒指導を切れ目なく、効果的に実践するためには、学校評価を含む生徒指導マネジメントサイクルを確立することが大切です。

(1)　PDCAサイクルによる取組

　PDCAサイクルでは、はじめに、学校の環境、児童生徒の状況、保護者や地域の人々の願い等について、調査や聴取を実施します。これに加え、各種審議会答申や世論の動向等を見据えて、「児童生徒がどのような態度や能力を身に付けるように働きかけるか」「何を生徒指導の重点とするか」等の目標を立てます。これを基に、生徒指導計画（P：Plan）を策定し、実施（D：Do）し、点検・評価（C：Check）を行い、次年度の改善（A：Action）へとつなげます。

(2)　PDCAサイクルでの留意点

　PDCAサイクルの推進に当たっては、管理職のリーダーシップと、保護者の学校理解や教職員理解が不可欠です。その際の留意点は、以下のとおりです。

①生徒指導に関する明確なビジョンの提示

　校長は、組織マネジメントの観点から、学校、家庭、地域の実態に基づいて、生徒指導の目標や育成したい児童生徒像に関する明確なビジョンを学校内外で提示し、一体感を醸成することが大切です。

②モニタリングと確実な情報共有

　実施段階では、管理職によるきめ細かい教職員の動静把握、すなわち、モニタリングを適確に行うことが求められます。そのためには、各教職員との確実な情報共有、委員会・部会・学年会等の議事内容の理解が不可欠です。

③保護者の学校理解と教職員理解

　学校における生徒指導が効果を発揮するためには、保護者による学校や教職員への理解が鍵となります。そのため、学校から保護者へ積極的に情報を発信していくことが必要です。学校ホームページによる情報発信の工夫、あるいは、学級・ホームルーム担任による保護者向けの学級・ホームルーム通信、学年便り、生徒指導部や教育相談部による通信等によって、生徒指導の目標理解や協力のお願い、児童生徒の実態に関する情報共有等を図ります。保護者の学

校理解や教職員理解の深まりは、家庭や地域との連携・協働の基盤となります。

1.4.3　家庭や地域の参画

　生徒指導は、学校の中だけで完結するものではなく、家庭や地域及び関係機関等との連携・協働を緊密にし、児童生徒の健全育成という広い視野から地域全体で取り組む「社会に開かれた生徒指導」として推進を図ることが重要です。具体的な方法としては、以下の2点があります。

(1)　コミュニティ・スクール

　第一の方法としては、コミュニティ・スクール（学校運営協議会制度）を活用して、地域社会総がかりで生徒指導を展開します。学校運営協議会を通じて、保護者や地域の人々等が一定の権限と責任を持って学校運営に参画する仕組みを置く学校が、コミュニティ・スクールです。

　「地方教育行政の組織及び運営に関する法律」（第47条の5）で、その意義や役割が規定されており、学校運営協議会の設置は教育委員会の努力義務とされています。保護者や地域の人々等の意見を学校運営に反映させるための協議や基本方針の承認を行うことを通じて、生徒指導の課題や重点目標の共通理解、具体的な教育活動の案出、家庭と地域との連携・協働、評価と改善事項等を地域と学校が共有して具体的な取組へとつなげることが可能となります。保護者や地域の人々が学校や教育委員会に意向を伝えるとともに、学校からも保護者や地域の人々に意向を伝えることが、具体的な取組を推進する上で重要です。

(2)　地域学校協働活動

　第二の方法として、「学校を核とした地域づくり」として、コミュニティ・スクールと一体的に取り組む地域学校協働活動があります。地域学校協働活動とは、地域の高齢者・成人・学生・保護者・PTA・NPO・民間企業・団体・機関等の幅広い地域の人々等の参画を得て、地域全体で児童生徒の学びや発達を支える活動です。

　地域学校協働活動は、平成29年3月の社会教育法（第5条第2項）の改正により、法律に位置付けられました。登下校の見守り、多様な教育的ニーズのある児童生徒への学習支援、放課後や土曜日等における学習プログラムの提供、職場体験の場の提供等、学校と地域が連携・協働することによって、生徒指導を地域社会全体で行うことが可能になります。

1.5　生徒指導の取組上の留意点

1.5.1　児童生徒の権利の理解

第一の留意点は、教職員の児童の権利に関する条約についての理解です。

(1)　児童の権利に関する条約

児童生徒の人権の尊重という場合に、留意すべきは、平成元年11月20日に第44回国連総会において採択された児童の権利に関する条約です。日本は、平成2年にこの条約に署名し、平成6年に批准し、効力が生じています。

この場合の児童とは、18歳未満の全ての者を指します。本条約の発効を契機として、児童生徒の基本的人権に十分配慮し、一人一人を大切にした教育が行われることが求められています。生徒指導を実践する上で、児童の権利条約の四つの原則を理解しておくことが不可欠です。

四つの原則とは、第一に、児童生徒に対するいかなる差別もしないこと、第二に、児童生徒にとって最もよいことを第一に考えること、第三に、児童生徒の命や生存、発達が保障されること、第四に、児童生徒は自由に自分の意見を表明する権利を持っていることを指します。関連する条文の概要は、以下のとおりです。

①差別の禁止

児童又はその父母若しくは法定保護者の人種、皮膚の色、性、言語、宗教、政治的意見その他の意見、国民的、種族的若しくは社会的出身、財産、心身障害、出生又は他の地位にかかわらず、いかなる差別もなしにこの条約に定める権利を尊重し、及び確保する。（第2条）

②児童の最善の利益

児童に関する全ての措置をとるに当たっては、公的若しくは私的な社会福祉施設、裁判所、行政当局又は立法機関のいずれによって行われるものであっても、児童の最善の利益が主として考慮されるものとする。（第3条）

③生命・生存・発達に対する権利

生命に対する児童の固有の権利を認めるものとし、児童の生存及び発達を可能な最大限の範囲において確保する。（第6条）

④意見を表明する権利

児童が自由に自己の意見を表明する権利を確保する。児童の意見は、その児童の年齢及び成熟度に従って相応に考慮される。（第12条）

いじめや暴力行為は、児童生徒の人権を侵害するばかりでなく、進路や心身に重大な影響を及ぼします。教職員は、いじめの深刻化や自殺の防止を目指す上で、児童生徒の命を守るという当たり前の姿勢を貫くことが大切です。

また、安全・安心な学校づくりは、生徒指導の基本中の基本であり、同条約の理解は、教職員、児童生徒、保護者、地域の人々等にとって必須だと言えます。

(2)　こども基本法

令和4年6月に公布された「こども基本法」においては、「日本国憲法及び児童の権利に関する条約の精神にのっとり、次代の社会を担う全てのこどもが、生涯にわたる人格形成の基礎を築き、自立した個人としてひとしく健やかに成長することができ、こどもの心身の状況、置かれている環境等にかかわらず、その権利の擁護が図られ、将来にわたって幸福な生活を送ることができる社会の実現を目指して、こども施策を総合的に推進すること」が目的として示されています（第1条）。併せて、以下のような本法基本理念の趣旨等について、児童の権利に関する条約とともに理解しておくことが求められます。

（基本理念の主な記載）

①全てのこどもについて、個人として尊重され、その基本的人権が保障されるとともに、差別的取扱いを受けることがないようにすること。（第3条第1号）

②全てのこどもについて、適切に養育されること、その生活を保障されること、愛され保護されること、その健やかな成長及び発達並びにその自立が図られることその他の福祉に係る権利が等しく保障されるとともに、教育基本法の精神にのっとり教育を受ける機会が等しく与えられること。（第3条第2号）

③全てのこどもについて、その年齢及び発達の程度に応じて、自己に直接関係する全ての事項に関して意見を表明する機会及び多様な社会的活動に参画する機会が確保されること。（第3条第3号）

④全てのこどもについて、その年齢及び発達の程度に応じて、その意見が尊重され、その最善の利益が優先して考慮されること。（第3条第4号）

1.5.2　ICTの活用

第二の留意点は、ICTを活用した生徒指導の推

進です。令和の日本型学校教育の実現に向けては、GIGAスクール構想を踏まえ、今後ICTを活用した生徒指導を推進することが大切です。ICTを活用することで、以下のような教育効果が期待されます。ただし、実践に当たっては、不断の教職員のICT活用能力の向上が必要となります。

なお、校務系データ（出欠情報、健康診断情報、保健室利用情報、テスト結果、成績情報等）と、学習系データ（学習記録データ、児童生徒アンケートデータ等）等を組み合わせることで、一人一人の児童生徒や学級・ホームルームの状況を多様な角度から、客観的なデータを用いて分析・検討することも可能となります。

(1)　データを用いた生徒指導と学習指導との関連付け

学習指導要領では、「学習指導と関連付けながら、生徒指導の充実を図ること。」と明記されています。学習指導と生徒指導が、相関的な関係を持つことを、多くの教職員が経験的に実感しています。児童生徒の孤独感や閉塞感の背景には、勉強が分からない、授業がつまらない等、学習上のつまずきや悩みがある場合が少なくありません。分かりやすい授業、誰にも出番のある全員参加の授業が、児童生徒の自己肯定感や自己有用感を高めます。ICTを活用することで、学習指導と生徒指導の相互作用を、データから省察することが求められます。

(2)　悩みや不安を抱える児童生徒の早期発見・対応

ICTを活用することで、児童生徒の心身の状態の変化に気付きやすくなる、あるいは、児童生徒理解の幅の広がりにつながることも考えられ、悩みや不安を抱える児童生徒の早期発見や早期対応の一助になることも期待されます。一方、ICTにより得られる情報はあくまで状況把握の端緒であり、それにより支援の画一化が生じたりしないよう留意し、把握した状況から適切に対応する体制を構築しておくことが求められます。

(3)　不登校児童生徒等への支援

学校に登校できない児童生徒に対する学習保障や生徒指導という観点から、ICTを活用した支援は「義務教育の段階における普通教育に相当する教育の機会の確保等に関する法律」の「不登校児童生徒が行う多様な学習活動の実情を踏まえ、個々の不登校児童生徒の状況に応じた必要な支援が行われるようにすること。」（第3条第2号）と

いう基本理念の実現方法の一つと言えます。

また、病気療養中の児童生徒については、「小・中学校等における病気療養児に対する同時双方向型授業配信を行った場合の指導要録上の出欠の取扱い等について（通知）」、「高等学校等におけるメディアを利用して行う授業に係る留意事項について（通知）」、「学校教育法施行規則の一部を改正する省令の施行について（通知）」等を参考にし、ICTを活用した通信教育やオンライン教材等を活用するなど、教育機会の確保に努める必要があります。

1.5.3　幼児教育との接続

第三の留意点は、幼児教育と小学校教育との円滑な接続です。生徒指導では、児童生徒が、自己の存在感を実感しながら、よりよい人間関係を形成し、有意義で充実した学校生活を送る中で、現在及び将来における自己実現を図っていくことができるようにすることが求められます。こうした生徒指導の考え方に立てば、幼児期において、信頼する大人との温かな関係の中で幼児が自己を発揮しながら、他の幼児や地域の人々等との関係を深めていくことは、非常に重要です。したがって、幼児教育の成果が小学校教育へと引き継がれ、子供の発達や学びが連続するようにすることが不可欠です。

そのためには、幼稚園・保育所・認定こども園と小学校（以下「幼保小」という。）の教職員が交流体験や情報交換を通して、幼児がどのように友達のよさや自分のよさ、可能性に気付き、人に対する信頼感や思いやりの気持ちを持てるようになるのか、あるいは、現状での幼児教育や小学校教育の課題がどこにあるのかを、相互理解することが大切です。加えて、幼保小の教職員が、後述する「幼児期の終わりまでに育ってほしい姿」を共有し、幼児教育と小学校教育の円滑な接続について協働して考えていくことが必要です。

その際、幼保小の接続期におけるスタートカリキュラムの位置付けや役割を踏まえ、入学当初のみならずその後の小学校における生活や学習へのつながりを視野に検討する姿勢が求められます。こうした幼児教育と小学校教育の円滑な接続は、小学校という新たな環境においても、児童が安心して楽しく学習や生活を送ることにつながります。

(1)　幼児期の終わりまでに育ってほしい姿

幼児教育と小学校教育との円滑な接続を図るた

めに、幼稚園教育要領、保育所保育指針、幼保連携型認定こども園の教育・保育要領において、「幼児期の終わりまでに育ってほしい姿」が示されています。具体的には、以下の10項目です。

①健康な心と体
②自立心
③協同性
④道徳性・規範意識の芽生え
⑤社会生活との関わり
⑥思考力の芽生え
⑦自然との関わり・生命尊重
⑧数量や図形、標識や文字等への関心・感覚
⑨言葉による伝え合い
⑩豊かな感性と表現

　幼児教育においては、これらの「幼児期の終わりまでに育ってほしい姿」を踏まえた指導を工夫することが大切です。小学校教育においては、幼稚園教育要領等に基づく幼児教育を通して育まれた資質・能力を踏まえた教育活動を実施し、児童が主体的に自己を発揮しながら学びに向かうことが可能となるように働きかけることが求められています。幼保小の教職員が、このような姿について共通理解を図り、指導の充実につなげていくことが大切です。

(2)　スタートカリキュラムの工夫

　小学校では、幼児期における遊びを通した総合的な学びから、各教科等における、より自覚的な学びに円滑に移行できるよう、入学当初において、生活科を中心とした合科的・関連的な指導や弾力的な時間割の設定など、指導計画の作成や指導の工夫をすることが必要です。いわゆるスタートカリキュラムを編成・実施することにより、自分で考え、選択・判断し、行動する自己指導能力や他者との協働性の土台をつくることが可能になります。

1.5.4　社会的自立に向けた取組

　第四の留意点は、児童生徒の社会的自立に向けた取組です。生徒指導は、児童生徒が社会の中で自分らしく生きることができる存在となるように、適切な働きかけを行うことであるという点に留意し、社会的自立に向けた取組を日常の教育活動を通じて実施することが求められます。

　民法の改正により、令和４年４月から、成年年齢が18歳に引き下げられたことから、18歳となった時点で生徒は成人となり、親権に服することが

なくなります。つまり、学校教育法上の保護者がなくなるということに他なりません。このように、生徒の自立が制度的に前倒しとなる部分がある一方で、ひきこもりの増加に代表されるように、社会的自立が困難な状況にある若者の存在も課題とされています。

　平成22年に施行された「子ども・若者育成支援推進法」に基づく「子供・若者育成支援推進大綱」（令和３年４月６日　子ども・若者育成支援推進本部決定）は、成年年齢引き下げ等への円滑な対応に加えて、子供・若者の生活する場として、家庭、学校、地域社会、情報通信環境（インターネット空間）及び就業（働く場）の５つを挙げ、それぞれの課題について解説しています。学校という場の課題として、児童生徒の多様化、自殺・不登校等生徒指導上の課題の深刻化、教職員の多忙化・不足、学校の減少、情報化への対応の５点を示しています。このような状況の下にあって、生徒指導は学校内で完結するものでもなく、また、卒業や中途退学、進路変更などに伴ってただちに終了するというものでもありません。日頃から児童生徒の社会的自立に向けた支援を行うことはもとより、生涯を見通したキャリア教育や適切な進路指導を行うことも大切です。また、必要な場合には、就労支援事業所や子供・若者相談機関などにつなぐといった支援を行うことも求められます。

第2章　生徒指導と教育課程

2.1　児童生徒の発達を支える教育課程

　学校が編成する教育課程は「学校教育の目的や目標を達成するために、教育の内容を生徒の心身の発達に応じ、授業時数との関連において総合的に組織した各学校の教育計画」であり、各教科等の年間指導計画も教育課程の編成の一環として作成されるものです。これら教育課程に係る諸計画に基づき実施される教育活動は、教育課程内の活動と呼ばれます。こうした活動の多くは、いわゆる「授業」という形で行われるために、ともすれば学習指導の場というイメージが強く働き、生徒指導との関係が十分に踏まえられていないことも少なくありません。しかし、第１章でも触れたとおり、学習指導の目的を達成する上で、また生徒指導の目的を達成し、生徒指導上の諸課題を生まないためにも、教育課程における生徒指導の働き

かけが欠かせません。

したがって、教育課程の編成や実施に当たっては、学習指導と生徒指導を分けて考えるのではなく、相互に関連付けながら、どうすれば両者の充実を図ることができるのか、学校の教育目標を実現できるのかを探ることが重要になります。その際、学習指導要領第1章総則の「児童（生徒）の発達の支援」の中の「1　児童（生徒）の発達を支える指導の充実」に示された視点を具現化することが求められます。

2.1.1　学習指導要領「総則」と生徒指導

学習指導要領において、「よりよい学校教育を通じてよりよい社会を創る」という目標を学校と社会が共有し、それぞれの役割を果たすことができるように、「子供一人一人の発達をどのように支援するか」という児童生徒の発達を支える視点に立つことの重要性が示されました。具体的には、「総則」に示された「①学級・ホームルーム経営の充実、②生徒指導の充実、③キャリア教育の充実、④指導方法や指導体制の工夫改善による個に応じた指導の充実」です。要点は、以下のとおりです。

①学級・ホームルーム経営の充実

学習や生活の基盤として、教員と児童生徒との信頼関係及び児童生徒相互のよりよい人間関係を育てるため、日頃から学級・ホームルーム経営の充実を図ること。また、主に集団の場面で必要な指導や援助を行うガイダンスと、個々の児童の多様な実態を踏まえ、一人一人が抱える課題に個別に対応した指導や援助を行うカウンセリング（→1.3.3.　ガイダンスとカウンセリング）の双方により、児童生徒の発達を支援すること。

②生徒指導の充実

児童生徒が、自己の存在感を実感しながら、よりよい人間関係を形成し、有意義で充実した学校生活を送る中で、現在及び将来における自己実現を図っていくことができるよう、児童生徒理解を深め、学習指導と関連付けながら、生徒指導の充実を図ること。

③キャリア教育の充実

児童生徒が、学ぶことと自己の将来とのつながりを見通しながら、社会的・職業的自立に向けて必要な基盤となる資質・能力を身に付けていくことができるよう、特別活動を要としつつ各教科等の特質に応じて、キャリア教育の充実を図ること（→1.1.3　生徒指導の連関性）。

④個に応じた指導の充実

児童生徒一人一人の能力・適性、興味・関心、性格等が異なることを踏まえ、教員が個々の児童生徒の特性等を十分理解し、それに応じた指導方法の工夫や、学校の実態に応じた指導体制の工夫改善により、個に応じた指導の充実を図ること。

これらのことは、ガイダンスとカウンセリングにより、常態的・先行的（プロアクティブ）及び即応的・継続的（リアクティブ）な活動を通して、「児童生徒一人一人の個性の発見とよさや可能性の伸長と社会的資質・能力の発達を支えると同時に、自己の幸福追求と社会に受け入れられる自己実現を支える」という生徒指導の目的を達成することにもつながります。

2.1.2　学習指導と生徒指導

学習指導要領では、知・徳・体にわたる「生きる力」のバランスの取れた育成を重視しており、学習指導と生徒指導との関連を意識しながら、日々の教育活動を充実していくことが重要です。このことは、学習指導を担う教員が同時に生徒指導の主たる担い手にもなるという日本型学校教育の特徴を最大限に発揮させることでもあります。

学習指導において、児童生徒一人一人に対する理解（児童生徒理解）の深化を図った上で、安全・安心な学校・学級の風土を創り出す、児童生徒一人一人が自己存在感を感じられるようにする、教職員と児童生徒の信頼関係や児童生徒相互の人間関係づくりを進める、児童生徒の自己選択や自己決定を促すといった生徒指導の実践上の視点を生かすことにより、その充実を図っていくことが求められています。また、生徒指導においては、「社会の中で自分らしく生きることができる存在へと児童生徒が、自発的・主体的に成長や発達する過程を支える」という生徒指導の意義を再確認することが求められます。個別の問題行動等への対応といった課題早期発見対応及び困難課題対応的生徒指導にとどまることなく、全ての児童生徒を対象にした課題未然防止教育、さらには一人一人のキャリア形成等も踏まえた発達支持的生徒指導の視点が重要になります。学習指導要領の趣旨の実現に向け、全ての子供たちが自らの可能性を発揮できるように「個別最適な学び」と「協

働的な学び」を一体的に充実していく上で、特に
発達支持的生徒指導の考え方を生かすことが不可
欠です。

2.1.3　学級・ホームルーム経営と生徒指導

　教育課程における活動は、学級・ホームルーム
という土台の上で実践されます。学級・ホーム
ルームは、学校における生活集団であり、学習集
団であり、生徒指導の実践集団であると捉えるこ
とができます。

　学級・ホームルームは、児童生徒にとって、学
習や生活など学校生活の基盤となるものです。児
童生徒は、学校生活の多くの時間を学級・ホーム
ルームで過ごすため、自己と学級・ホームルーム
の他の成員との個々の関係や自己と学級・ホーム
ルーム集団との関係は、学校生活そのものに大き
な影響を与えることとなります。教員は、個々の
児童生徒が、学級・ホームルーム内でよりよい人
間関係を築き、学級・ホームルームの生活に適応
し、各教科等の学習や様々な活動の効果を高める
ことができるように、学級・ホームルーム内での
個別指導や集団指導を工夫することが求められま
す。

　学級・ホームルーム経営の内容は多岐にわたり
ますが、学級・ホームルーム集団としての質の高
まりを目指したり、教員と児童生徒、児童生徒相
互のよりよい人間関係を構築しようとしたりする
ことが中心的な内容と言えます。学級・ホーム
ルーム担任は、学校の教育目標や学級・ホーム
ルームの実態を踏まえて作成した学級・ホーム
ルーム経営の目標・方針に即して、必要な諸条件
の整備を行い、学級・ホームルーム経営を展開し
ます。その点において、児童生徒が自主的・実践
的によりよい生活や人間関係を形成しようとして
展開される特別活動は、結果として児童生徒が主
体となって集団の質を高めたり、より深い人間関
係を形成したりすることにつながります。

　学級・ホームルーム経営は、年度当初の出会い
から始まる生活づくりを通して、学級・ホーム
ルーム集団を、共に認め・励まし合い・支え合う
集団にしていくことを目指します。これは、児童
生徒の居場所をつくり、失敗や間違いを通して皆
で考え、支え合い、創造する集団、つまり、生徒
指導の実践集団を育てることでもあります。その
際に、児童生徒の発達を支えるという視点が重要
になります。なぜなら、児童生徒は、それぞれが

直面する課題を解決することによって自己実現
し、自己指導能力を育んでいくからです。学級・
ホームルーム経営で行う生徒指導は、発達支持的
生徒指導と課題未然防止教育を実践するために他
なりません。

　学級・ホームルーム経営では、児童生徒自身が
学級や学校生活、人間関係をよりよいものにする
ために、皆で話し合い、皆で決めて、皆で協力し
て実践することを通じて、学級・ホームルームの
友達のよいところに気付いたり、良好な人間関係
を築いたり、学級・ホームルームの雰囲気がよく
なったりすることを実感することが大切です。こ
のように学級・ホームルーム活動における自発
的・自治的な活動を通して、学級・ホームルーム
経営の充実を図ることで、学級・ホームルームに
おいて、お互いを尊重し合う温かい風土が醸成さ
れます。こうした主体的な活動を通して、お互い
を尊重し合い、よさや可能性を発揮し合えるよう
な学級・ホームルーム集団となることが、個々の
児童生徒が自己有用感や自己肯定感などを獲得す
ることにつながります。

　これらの実践は、学校・学年及び学級やホーム
ルームの特性を踏まえた年間指導計画に基づいて
取り組まれます。年間指導計画の中でも、特に4
月の出会いの時期は大切です。この時期の体験が
年間を通した生活集団・学習集団・生徒指導の実
践集団の基盤となるからです。この時期に、学
級・ホームルーム集団の中で役割を担ったり協力
し合って活動したりして自己存在感を実感できる
ようにし、自己肯定感を獲得するように働きかけ
ることが求められます。さらに、学級・ホーム
ルーム活動における自発的、自治的な活動を中心
として、教職員と児童生徒、児童生徒同士の共感
的で温かな人間関係を築くことが重要です。

　また、一人一人の児童生徒が発達課題を通して
自己実現するためには、児童生徒自身による規範
意識を醸成することも大切です。児童生徒が規範
意識を身に付けることが、児童生徒にとって安
全・安心な居場所づくりへとつながるからです。
このような学級・ホームルームにおいてこそ、安
心して自らの意見を述べたり、自己の仮説を発表
したり、他者の意見や考えを共感的に受け止めた
りすることが可能になります。自ら考え、選択
し、決定し、発表し、実践する体験としての学び
の循環を通じて、児童生徒が主体的・自律的な選
択・決定をしていく基盤となる自己指導能力を身

に付けていくことになります。

　なお、全ての児童生徒を対象としたいじめや暴力行為等の課題の未然防止教育は、自己指導能力を育てるとともに、自己の在り方生き方や進路に関わる教育とも言えるものです。児童生徒の社会的自己実現を支える教育は、キャリア教育（進路指導）と密接に関連し、相互に作用し合うものです。そのため、キャリアを形成していく上で必要な基礎的・汎用的能力を児童生徒が身につけることを、学級・ホームルーム経営の中に位置付けて実践することも重要です。また、学校経営の中に生徒指導の視点がしっかりと位置付けられ、それに基づいた学年の取組や学級・ホームルーム経営が教職員の共通理解に基づいて行われ、さらには個々の教職員の指導や援助が行われることが求められます。

2.1.4　教育課程編成上の留意点

　各学校の教育課程に基づく教育活動の充実を図る上では、学校の教育目標の設定が重要となります。具体的には、教育基本法等の法令や学習指導要領などに基づき、児童生徒の実態や地域の状況、さらには都道府県や市町村の教育目標等も参考にしながら、学校の教育目標を明確にすることが求められます。その上で、目標を達成できるように、あるいは、目標に少しでも近づけるように、年度の時間割や学校行事等を組み立てます。

　その際に大切なことは、次の三点です。
①「この教育目標の達成に向けて協働したい」と全教職員が思えるような目標を設定すること
②保護者や地域からの協力が得られるように目標の共有に努めること
③教育目標に照らしながら各教科等の授業のねらいを改善したり、教育課程の実施状況を評価したりすることが可能になるような具体性のある教育目標を設定すること

2.2　教科の指導と生徒指導

　教科は、教育課程を構成する基本的な要素であり、大部分を占めています。教科には、目標や内容が設定されており、学校教育全体の目標を踏まえたものになっています。そのため、各教科の目標の中には生徒指導の目的と重なり合うものがあります。教科指導を進めるに当たっては、教科の目標と生徒指導のつながりを意識しながら指導を行うことが重要です。また、教科指導の大半は、

学級・ホームルームを単位とした授業により進められます。授業を進めるに当たっては、個々の児童生徒の習熟の程度など、その学習状況を踏まえた個に応じた指導に取り組むとともに、児童生徒間の交流を図るなど、集団指導ならではの工夫をこらし、可能な範囲で生徒指導を意識した授業を行うことが大切です。

2.2.1　個に応じた指導の充実

　児童生徒が学習内容を確実に身に付けることができるようにするためには、児童生徒や学校の実態を考慮し、個に応じた指導を充実することが重要です。

　そのためには、学習内容の習熟の程度を把握するだけでなく、興味・関心、学習意欲や授業への参加状況、学習上のつまずきの原因の把握など、児童生徒一人一人の学習状況のきめ細かな把握に努めることが求められます。例えば、学習内容の習熟に課題がある場合には、単に学習内容が分からない場合だけでなく、特別支援教育に関連する発達上の理由から生じている場合も考えられます。また、児童生徒が授業で積極的に発言をしない、グループ活動で消極的な態度が見られる場合には、その背景に友人関係での悩みがある場合も考えられます。このように、児童生徒一人一人に対するきめ細かで、継続的で確かな児童生徒理解に基づく個に応じた指導の充実は、生徒指導の面からも不可欠です（→1.3.1児童生徒理解）。

2.2.2　児童生徒理解を基盤とした教科の指導

(1)　児童生徒理解に関する情報の収集

　教科の指導に児童生徒理解を通じて得た情報を活かすには、情報収集の方法を工夫する必要があります。主な方法としては、以下のようなものが考えられます。
①授業観察からの主観的情報の収集
　　授業者である教員の主観的な情報を、メモや一定の観察記録票で収集します。学級・ホームルームの学習の雰囲気や気になる児童生徒の言動などを、担当教員個人だけでなく、同僚教員や管理職に授業観察をしてもらいメモや観察記録票で収集します。
②課題・テスト・各種調査・生活日誌等からの客観的情報の収集
　　授業での課題、小テスト、中間・期末試験、生活実態調査、いじめアンケート調査、進路希

望調査、生活日誌（生活記録ノート）などの客観的な情報を収集します。

③出欠・遅刻・早退、保健室の利用などの客観的情報の収集

出欠・遅刻・早退、保健室の利用実態に関する客観的な情報を収集します。特に、生徒指導上の諸課題や、心身の健康や家庭生活の状態と関連します。

④ICTを活用した客観的情報の収集

GIGAスクール構想の下で整備された、児童生徒一人一台のICT端末等も活用し、児童生徒一人一人の客観的な情報を抽出して、整理しておきます。

(2)　チームによる分析と共通理解

教科の授業において個に応じた指導を実践するには、授業に関連する児童生徒理解を通じて得た情報に基づいて、当該児童生徒に対する配慮事項、指導目標や支援目標の設定、具体的な指導方法や支援方法を明確にして、関連する教職員が情報を共有をして、チームとして取り組むことが望まれます（→3.4 生徒指導と教育相談が一体となったチーム支援）。具体的には、学年会・教科部会、生徒指導部会、教育相談部会、あるいは、ケース会議などで、児童生徒一人一人、気になる児童生徒、配慮を要する児童生徒の情報を提示して、複数の教職員による多面的な意見に基づく協議を行い、授業において学級・ホームルーム担任個人で実践できること、他の教職員と連携・協働して実践すること、全教職員が共通して実践した方がよいことなどを共通理解します。

2.2.3　教科の指導と生徒指導の一体化

授業は全ての児童生徒を対象とした発達支持的生徒指導の場となります。教科の指導と生徒指導を一体化させた授業づくりは、生徒指導の実践上の視点である、自己存在感の感受、共感的な人間関係の育成、自己決定の場の提供、安全・安心な風土の醸成を意識した実践に他なりません。教員が学習指導と生徒指導の専門性を合わせもつという日本型学校教育の強みを活かした授業づくりが、児童生徒の発達を支えます。

(1)　自己存在感の感受を促進する授業づくり

授業において、児童生徒が「自分も一人の人間として大切にされている」と感じ、自分を肯定的に捉える自己肯定感や、認められたという自己有用感を育む工夫が求められます。学習の状況等に基づく「指導の個別化」や、児童生徒の興味・関心、キャリア形成の方向性等に応じた「学習の個性化」により個別最適な学びを実現できるように、授業で工夫することが大切です。児童生徒の多様な学習の状況や興味・関心に柔軟に応じることにより、「どの児童生徒も分かる授業」、「どの児童生徒にとっても面白い授業」になるよう創意工夫することが必要です。なお、ICTの活用は、授業における個別最適な学びの実現に役立ちます。

(2)　共感的な人間関係を育成する授業

共感的な人間関係を育成する観点からは、授業において、互いに認め合い・励まし合い・支え合える学習集団づくりを促進していくことが大切です。例えば、児童生徒がお互いに、自分の得意なところを発表し合う機会を提供する授業づくりや、発表や課題提出において、失敗を恐れない、間違いやできないことが笑われない、むしろ、なぜそう思ったのかという児童生徒の考えについて児童生徒同士がお互いに関心を抱き合う授業づくりが求められます。このような授業を通して実現される共感的な人間関係が育つ学習集団づくりは、いじめや非行の防止等の基盤になります。そのためには、教員が学級・ホームルームの児童生徒の多様な個性を尊重し、相手の立場に立って考え、行動する姿勢を率先して示すことが大切です。教員が児童生徒の間違いや不適切な言動に、どのように対応するか、児童生徒は常に関心を持っています。

(3)　自己決定の場を提供する授業づくり

児童生徒が、授業場面で自らの意見を述べたり、観察・実験・調べ学習等において自己の仮説を検証しレポートにまとめたりすることを通して、自ら考え、選択し、決定する力が育ちます。したがって、教員は、児童生徒に意見発表の場を提供したり、児童生徒間の対話や議論の機会を設けたり、児童生徒が協力して調べ学習をする、実験する、発表する、作品を作る、演じるなどの取組を積極的に進めたりして、児童生徒の学びを促進するファシリテーターとしての役割を果たすことも重要です。

(4)　安全・安心な「居場所づくり」に配慮した授業

授業において、児童生徒の個性が尊重され、安全かつ安心して学習できるように配慮することも不可欠です。授業は一般に学級・ホームルームの単位で行われるため、一人一人の児童生徒が安

全・安心に学べるように学級・ホームルーム集団が児童生徒の「（心の）居場所」になることが望まれます。

2.3 道徳科を要とした道徳教育における生徒指導

　平成27年3月、学習指導要領等の一部改正により、小学校・中学校においては、従前の「道徳の時間」が「道徳科」として新たに教育課程に位置付けられました。この背景には、いじめの問題等への対応に向けて、道徳の教材の充実や道徳の新たな枠組みによる教科化など道徳教育の抜本的な改善充実が求められたことがあります。児童生徒が現実の困難な問題に主体的に対処できる実効性ある力を身に付ける上で、道徳教育が大きな役割を果たすことに強い期待がもたれています。

　また、高等学校における道徳教育は、人間としての在り方生き方に関する教育として各教科等の特質に応じ学校の教育活動全体を通じて、生徒が人間としての在り方生き方を主体的に探求し豊かな自己形成を図ることができるよう、適切な指導を行うこととされています。その際、生徒が、答えが一つではない課題に誠実に向き合い、それらを自分のこととして捉え、他者と協働しながら自分の答えを見いだしていく思考力、判断力、表現力等や、これらの基になる主体性を持って多様な人々と協働して学ぶ態度を身に付けることが目指されます。このことに対応して、公民科に新たに設けられた「公共」及び「倫理」、並びに特別活動が中核的な指導の場面とされています。したがって、道徳教育と「児童生徒一人一人の個性の発見とよさや可能性の伸長と社会的資質・能力の発達と、同時に、自己の幸福追求と社会に受け入れられる自己実現を支える」ことを目的とする生徒指導を相互に関連させることが重要です。

2.3.1 道徳教育と生徒指導の相互関係

　学校における道徳教育は、教育基本法及び学校教育法に定められた教育の根本精神に基づき、自己（人間として）の生き方を考え、主体的な判断の下に行動し、自立した人間として他者と共によりよく生きるための基盤となる道徳性を養うことを目標としており、道徳科を要として学校の教育活動全体を通じて行うものともされています。

　一方、生徒指導は、「社会の中で自分らしく生きることができる存在へと児童生徒が、自発的・

主体的に成長や発達する過程」を支える意図で、教育活動のあらゆる場面において行われるものです。道徳教育が道徳性の育成を直接的なねらいとしている点を除けば、道徳教育と生徒指導はいずれも児童生徒の人格のよりよい発達を目指すものであり、学校の教育活動全体を通じて行うという点で共通しています。

　このような道徳教育と生徒指導は、以下のような点で密接な関係にあります。例えば、道徳教育において児童生徒の道徳性が養われることで、やがて児童生徒の日常生活における道徳的実践がより確かなものとなり、ひいては自己実現にもつながるため、生徒指導が目指す「社会の中で自分らしく生きることができる存在へと児童生徒が、自発的・主体的に成長や発達」することを達成できることになります。逆に、児童生徒に対する生徒指導が徹底されれば、児童生徒は望ましい生活態度を身に付けることになり、これは道徳性を養うという道徳教育のねらいを支えることになります。したがって、道徳教育で培われた道徳性を、生きる力として日常の生活場面に具現化できるよう支援することが生徒指導の大切な働きとなります。

2.3.2 道徳科の授業と生徒指導

　道徳科の特質は、学校の教育活動全体を通じて行う道徳教育の要として、道徳的諸価値についての理解を基に、自己を見つめ、物事を（広い視野から）多面的・多角的に考え、自己（人間として）の生き方についての考えを深める学習を通して道徳性を養うことにあります（括弧内は中学校）。

　道徳科の授業では、その特質を踏まえ、生徒指導上の様々な問題に児童生徒が主体的に対処できる実効性ある力の基盤となる道徳性を身に付けることが求められており、道徳科の授業と生徒指導には以下のような相互補完関係があります。なお、実際の指導に際しては、両者は一体的に働くものであることに十分留意する必要があります。

(1) 道徳科の授業の充実に資する生徒指導
①道徳科の授業に対する学習態度の育成
　教員が児童生徒理解を深め、児童生徒との信頼的な人間関係を築くとともに、児童生徒が自主的に判断・行動し、積極的に自己を生かすことができることを目指して発達支持的生徒指導の充実を図ることは、自らの生き方と関わらせながら学習を進めていく態度を身に付け、道徳科の授業を充実させることにつながります。

②道徳科の授業に資する資料の活用

　　発達支持的生徒指導や課題予防的生徒指導の
ために行った調査結果（児童生徒理解のための
質問紙調査など）を、道徳科の授業の導入やま
とめ等で活用したり、生徒指導上の問題を題材
とした教材を用いたりすることによって、児童
生徒の道徳的価値についての理解を一層深める
ことができます。

③学級内の人間関係や環境の整備、望ましい道徳
科授業の雰囲気の醸成

　　児童生徒の人間関係を深める（発達支持的生
徒指導）とともに、一人一人の悩みや問題を解
決（困難課題対応的生徒指導）したり、柔軟に
教室内の座席の配置やグループの編成を弾力化
（課題予防的生徒指導）したりするなどの指導
によって、道徳科の授業を充実させることがで
きます。

(2)　**生徒指導の充実に資する道徳科の授業**

①生徒指導を進める望ましい雰囲気の醸成

　　道徳科の授業で児童生徒の悩みや心の揺れ、
葛藤などを生きる課題として取り上げ、自己の
生き方を深く考え、人間としての生き方につい
ての自覚を深め、児童生徒の道徳的実践につな
がる力を育てることは、生徒指導上の悩みを持
つ児童生徒を温かく包み、その指導効果を上げ
ることにつながります。

②道徳科の授業を生徒指導につなぐ

　　学習指導要領では、道徳科の授業で指導する
内容として以下のようなものが示されています
が、これらの指導は、そのまま発達支持的生徒
指導につなぐことができます。

・自主的に判断し、誠実に実行してその結果に
　責任を持つこと
・思いやりの心や感謝の心を持つこと
・相互理解に努めること
・法や決まりの意義を理解し、その遵守に努め
　ること
・公正公平な態度で、いじめや差別、偏見のな
　い社会の実現に努めること
・主体的に社会の形成に参画し、国際社会に生
　きる日本人としての自覚をもつこと
・生命の尊さを理解し、かけがえのない自他の
　生命を尊重すること
・自然を愛護し人間の力を超えたものに対する
　畏敬の念を深めること　　など

③道徳科の授業展開の中で生徒指導の機会を提供

　　道徳科の授業の学習の過程においては、教員
と児童生徒及び児童生徒相互のコミュニケー
ションを通した人間的な触れ合いの機会が重視
されます。これらは、児童生徒相互の理解及び
児童生徒と教員との相互理解を通して、互いの
人間関係・信頼関係を築く発達支持的生徒指導
にもつながります。

　　また、その場に応じた適切な話し方や受け止
め方など、主体的な学習態度の形成は、課題予
防的生徒指導を行う機会ともなります。

　　特に、道徳科の指導においては、問題解決的
な学習、道徳的行為に関する体験的な学習など
多様な方法を取り入れた指導の工夫が求められ
ており、このことは児童生徒が、現実の生徒指
導上の課題に主体的に対処できる実効性ある力
を身に付けるように働きかけることにもつなが
ります。

2.3.3　道徳科と他の教育活動との関連の充実と生徒指導

　　今日、いじめをはじめとして生徒指導上の課題
が複雑化、深刻化しています。そのため、教育の
現場においては、どうしてもこれらの課題対応に
追われることになりがちです。しかし、このよう
な対症療法としての生徒指導だけでは、課題対応
に追われ、児童生徒の健全な成長を図るという教
育本来の機能を十分に果たすことができず、場合
によっては、より深刻な状況をもたらすことにも
なりかねません。

　　教育再生実行会議（平成25年）の提言の中で
も、「制度の改革だけでなく、本質的な問題解決
に向かって歩み出さなければなりません。」と示
されているように、道徳科を要とする道徳教育と
生徒指導、両者の相互の関係をさらに一歩進め
て、道徳科の授業の一層の改善充実を図り、確か
な道徳性の育成に支えられた発達支持的生徒指導
の充実が求められています。

　　特に、生徒指導上の課題の防止や解決につなが
る道徳性を養う上で、道徳教育の要となる道徳科
と各教科等をはじめとする他の教育活動との関連
を相互に図り、学校の教育活動全体として効果的
に取り組むことが重要です。

2.4　総合的な学習（探究）の時間における生徒指導

　　小学校と中学校の総合的な学習の時間では、探

究的な見方・考え方を働かせ、横断的・総合的な学習を行うことを通して、よりよく課題を解決し、自己の生き方を考えていくための資質・能力の育成が目指されています。

また、高等学校の総合的な探究の時間では、探究の見方・考え方を働かせ、横断的・総合的な学習を行うことを通して、自己の在り方生き方を考えながら、よりよく課題を発見し解決していくための資質・能力の育成が目指されています。

つまり、総合的な学習（探究）の時間においては、他の教科等以上に、知識や技能を自ら求めていく人間像が想定されていると言えます。そうした自ら求めようとする姿勢を児童生徒に促すのは、生徒指導の定義にある「社会の中で自分らしく生きることができる存在へと児童生徒が、自発的・主体的に成長や発達する過程を支える」ことと重なります。

総合的な学習（探究）の時間で育成を目指す資質・能力の一つに、小学校と中学校では、探究的な学習に主体的・協働的に取り組むとともに、互いのよさを生かしながら、積極的に社会に参画しようとする態度を養うこと、高等学校では、探究に主体的・協働的に取り組むとともに、互いのよさを生かしながら、新たな価値を創造し、よりよい社会を実現しようとする態度を養うこと、があります。

これも、上述の生徒指導の定義に通ずるものです（→1.1.1 生徒指導の定義と目的）。総合的な学習（探究）の時間を充実させることが、生徒指導の目標に直接又は間接に寄与することになると言えます。

2.4.1　総合的な学習（探究）の時間と生徒指導

各学校が設定する総合的な学習（探究）の時間の目標は、各学校における教育目標を踏まえて設定することになります。その際、学校は地域や児童生徒の実態等に応じて、教科等の枠を超えた横断的・総合的な学習とすること及び探究的な学習や協働的な学習とすることが求められます。

探究的な学習を実現する探究のプロセスを意識した学習活動では、①課題の設定→②情報の収集→③整理・分析→④まとめ・表現、を発展的に繰り返していくことになります。このような学習活動を通じて、主体的に問題や課題を発見し、自己の目標を選択、設定して、この目標の達成のため、自発的、自律的、かつ、他者の主体性を尊重

しながら、自らの行動を決断し、実行する力である「自己指導能力」を育むことが目指されます。

さらに、高等学校の総合的な探究の時間では、小・中学校における総合的な学習の時間の成果を生かしつつ、探究が高度化し、自律的に行われるようにするとともに、初等中等教育の縦のつながりにおいて総仕上げを行う学校段階として、自己の在り方生き方に照らし、自己のキャリア形成の方向性と関連付けながら、自ら課題を発見し解決していくための資質・能力を育成することが求められています。

こうした学習活動において、教員には、児童生徒一人一人が持つ本来の力を引き出し、伸ばすように適切に支援することが必要になります。児童生徒の主体性が発揮されている場面では、児童生徒が自ら変容していく姿を見守り、学習活動が停滞したり迷ったりしている場面では、場に応じた指導をするように働きかけることが重要です。また、総合的な学習（探究）の時間では、容易に解決されないような複雑な問題を探究し、物事の本質を見極めようとする児童生徒の姿が見られます。そのような児童生徒の姿に積極的に寄り添い、幅広い情報を収集し、選択・判断しながら、よりよく児童生徒の学習を支えるとともに、その主体性が発揮できるように、児童生徒の学習状況に応じて教員が適切な指導を行うことも求められます。

これらの指導は、発達支持的生徒指導に他なりません。総合的な学習（探究）の時間を充実させることは、その目標を達成するに留まらず、自己指導能力の育成にもつながり、ひいては生徒指導の充実を図ることにもつながると言えます。

児童生徒が、自分は「何をしたいのか」、「何をするべきか」等、主体的に問題や課題を発見し、自己の目標を選択、設定して、その目標の達成のために取り組む。こうした教育活動は、生徒指導が目指す「自己指導能力の獲得」に資するものです。

2.4.2　総合的な学習（探究）の時間で協働的に取り組むことと生徒指導

総合的な学習（探究）の時間の目標には、「主体的・協働的に取り組むとともに、互いのよさを生かしながら、積極的に社会に参画（高等学校は、新たな価値を創造し、よりよい社会を実現）しようとする態度を養う。」と示されています。

学習課題の解決に向かう学習過程においては、主体的に取り組むこと、協働的に取り組むことを重要視し、このことが、よりよい課題の解決につながると考えられています。

これは、「児童生徒一人一人の個性の発見とよさや可能性の伸長と社会的資質・能力の発達を支えると同時に、自己の幸福追求と社会に受け入れられる自己実現を支える」という生徒指導の目的と重なるものです。

総合的な学習（探究）の時間で育成することを目指す資質・能力は、自ら問いを見いだし、課題を立て、よりよい解決に向けて取り組むことを通して獲得されていきます。一方で、複雑な現代社会においては、いかなる問題についても、一人だけの力で何かを成し遂げることが困難な状況が見られることから、他者との協働が不可欠です。

総合的な学習（探究）の時間に、他者と協働的に課題に取り組むことにより、学習活動が発展したり、課題への意識が高まったり、自分とは異なる見方、考え方があることに気付くことで解決への糸口もつかみやすくなったりします。また、地域の人々や専門家など校外の大人との交流は、児童生徒の社会参画意識の醸成にもつながります。

このとき、教員は、児童生徒が多様な情報を活用し、自分と異なる視点からも考え、力を合わせたり交流したりして学べるように、支持的に働きかけるとともに、協働的に学ぶことを通じて個人の学習の質を高め、同時に集団の学習の質も高めていくことができるように、発達の段階に応じた指導や援助を行うことが大切です。すなわち、生徒指導の実践上の視点である、自己存在感の感受、共感的な人間関係の育成、自己決定の場の提供及び安全・安心な風土の醸成を踏まえ、学習活動において直接的あるいは間接的に支援することが求められます。

2.4.3　総合的な学習（探究）の時間において自己の（在り方）生き方を考えることと生徒指導

総合的な学習（探究）の時間では、実社会や実生活の課題を探究しながら、自己の（在り方）生き方を問い続ける姿勢が一人一人の児童生徒に涵養されることが求められています。学習活動において自己の生き方を考えることとは、

①人や社会、自然とのかかわりにおいて自らの生活や行動について（高等学校は、「人や社会、

自然との関わりにおいて、自らの生活や行動について考えて、社会や自然の一員として、人間として何をすべきか、どのようにすべきかなどを」）考えること
②自分にとっての学ぶことの意味や価値を考えること
③これら二つのことを生かしながら、学んだことを現在と将来の自己の（在り方）生き方につなげて考えること

という三つの視点から考えることに他なりません。

これは、生徒指導の目的にも通じるものです。児童生徒が自己を生かし、自己を模索し、自己を振り返り、自己を創る過程を支援することは、個性の発見とよさや可能性の伸長を児童生徒自らが図りながら、様々な資質・能力を獲得すること、そして、自らの資質・能力を適切に行使して自己実現を図りながら、自己の幸福と社会の発展を児童生徒自らが追求する態度を身に付けることを目指す生徒指導の考え方と重なるものです。

2.5　特別活動における生徒指導

特別活動は「なすことによって学ぶ」ことを方法原理とし、「集団や社会の形成者としての見方・考え方を働かせ、様々な集団活動に自主的、実践的に取り組み、互いのよさや可能性を発揮しながら集団や自己の生活上の課題を解決する」ことを通して、資質・能力を育む教育活動です。

特別活動において育成を目指す資質・能力の視点は、以下の三つです。

①人間関係形成
　　集団の中で、人間関係を自主的、実践的によりよいものへと形成するという視点です。
②社会参画
　　よりよい学級・学校生活づくりなど、集団や社会に参画し様々な問題を主体的に解決しようとするという視点です。
③自己実現
　　集団の中で、現在及び将来の自己の生活の課題を発見し、よりよく改善しようとする視点です。

集団活動を基盤とする特別活動は、児童生徒一人一人の「個性の発見」「よさや可能性の伸長」「社会的資質・能力の発達」など生徒指導の目的を実現するために、教育課程において中心的な役割を果たしています。

特別活動の指導は、個々の児童生徒の生活や集団での生活、協働的に活動する場面において、児

童生徒の自主性や自発性を尊重しながら展開されるものです。児童生徒が主体となり積極的な学習活動が展開されていくためには、教員の深い児童生徒理解、教員と児童生徒との信頼関係を前提とした生徒指導の充実が不可欠となります。

また、特別活動における集団活動の指導に当たっては、「いじめ」や「不登校」等の未然防止等も踏まえ、児童生徒一人一人を尊重し、児童生徒が互いのよさや可能性を発揮し、生かし、伸ばし合うなど、よりよく成長し合えるような集団活動として展開することが求められます。児童生徒が自由な意見交換を行い、全員が等しく合意形成に関わり、役割を分担して協力するといった活動を展開する中で、所属感や連帯感、互いの心理的な結び付きなどが結果として自然に培われるよう働きかけます。このような特別活動の特質は、生徒指導の充実や学級・ホームルーム経営とも深く関わるものです。

2.5.1　特別活動と生徒指導

特別活動は、生徒指導の目的である「児童生徒一人一人の個性の発見とよさや可能性の伸長と社会的資質・能力の発達を支える」ことに資する集団活動を通して、生徒指導の目的に直接迫る学習活動であると言えます。

特別活動の基本的な性格と生徒指導との関わりについては、次のように考えることができます。

(1)　所属する集団を、自分たちの力によって円滑に運営することを学ぶ

特別活動には、児童生徒の自発的、自治的な集団活動もあれば、教員主導の集団活動もあります。さらに、学級・ホームルーム単位で行われる活動もあれば、学級・ホームルームや学年の枠を超えた集団で行われる活動もあります。いずれの場合も教員の適切な指導が行われる集団の中で、「なすことによって学ぶ」という実践活動を通して様々なことを身に付けていくものです。

生徒指導の観点からは、特別活動の内容の特質に応じて、可能な限り児童生徒の自主性を尊重し、創意を生かし、目標達成の喜びを味わえるようにすることが大切です。特に、学校種や学年等の発達の段階に応じて、児童生徒による自発的、自治的な活動を重んじ、成就感や自信の獲得につながるような間接的な援助に努めることが求められます。

また、児童生徒が学級・ホームルームや学校生活上の諸問題を自ら積極的に見いだし、自主的に解決できるようにするために、一人一人の思いや願いを生かし、話合いを繰り返す過程で、よりよい集団活動の方法や実践的な態度を身に付けていくことができるよう働きかけることも重要です。

(2)　集団生活の中でよりよい人間関係を築き、それぞれが個性や自己の能力を生かし、互いの人格を尊重し合って生きることの大切さを学ぶ

特別活動では、多様な集団が編成され各種の集団活動が行われます。それらの集団活動では、学級・ホームルームにおいて日々生活や学習を共にする同年齢の児童生徒の人間関係、学級・ホームルームを離れた同年齢の人間関係、異年齢の集団活動を行う際の人間関係など、実に様々な人間関係の中で、児童生徒同士が協力し合って生活づくりや生活問題の解決に取り組んだり、生活や学習への適応などに関する学習に取り組んだりします。

多様な集団活動における協力し合う過程で互いの理解が深まり、互いを尊重し合う温かい人間関係が築かれ、豊かに広がっていくことにもなります。そうした集団活動の場においてこそ、児童生徒はそれぞれが個性を生かし、持てる能力を発揮して協働し、互いの人格を尊重し合って生きることの大切さを学びながら社会的自立に向けて人間的成長を図っていきます。

(3)　集団としての連帯意識を高め、集団や社会の形成者としての望ましい態度や行動の在り方を学ぶ

個々の児童生徒がよりよく成長できるようにするためには、学級・ホームルーム集団など児童生徒の毎日の生活の基盤となる集団が望ましいものでなければなりません。この集団を構成しているのは、児童生徒一人一人です。つまり、個人と集団とは相互関係にあるので、児童生徒にとって望ましい学級・ホームルーム、学校などの集団をつくることが、同時に、自らの成長を促進させることにもつながります。

したがって、特別活動では、多様な集団活動の中で児童生徒それぞれが役割を受け持ち、自己存在感を高め、自己の思いを実現する場や機会を十分確保するとともに、集団との関係で自己の在り方を自覚することができるように指導し、集団や社会の形成者としての連帯感や責任感を養うようにすることが大切です。

また、集団や社会の形成者として生活の充実と向上のために進んで貢献していこうとする社会性

の基礎となる態度や行動を身に付け、様々な場面で自己の能力をよりよく生かし自己実現を図ることができるようにすることも重要です。これは主権者としての意識を高めることにもつながります。このように特別活動における集団活動には、生徒指導の機能が生かされる数多くの場や機会が存在しています。

2.5.2 特別活動の各活動・学校行事の目標と生徒指導

特別活動の目標は、学級・ホームルーム活動、児童会活動・生徒会活動（以下「児童会・生徒会活動」という。）、クラブ活動（小学校のみ）、学校行事の四つの内容を総括する全体目標として、以下のように示されています。

特別活動における「自己（人間として）の（在り方）生き方についての考えを深める」とは、実際に児童生徒が実践的な活動や体験的な活動を通し、現在及び将来にわたって希望や目標をもって生きることや、多様な他者と共生しながら生きていくことなどについての考えを深め、集団や社会の形成者としての望ましい認識をもてるようにすることであり、その指導においては、キャリア教育の視点を重視することも求められます。

特別活動の全体目標

集団や社会の形成者としての見方・考え方を働かせ、様々な集団活動に自主的、実践的に取り組み、互いのよさや可能性を発揮しながら集団や自己の生活上の課題を解決することを通して、次のとおり資質・能力を育成することを目指す。
(1) 多様な他者と協働する様々な集団活動の意義や活動を行う上で必要となることについて理解し、行動の仕方を身に付けるようにする。
(2) 集団や自己の生活、人間関係の課題を見いだし、解決するために話し合い、合意形成を図ったり、意思決定したりすることができるようにする。
(3) 自主的、実践的な集団活動を通して身に付けたことを生かして、集団や社会における生活及び人間関係をよりよく形成するとともに、自己（中学校は、「人間として」）の生き方について（高等学校は、「人間としての在り方生き方について」）の考えを深め、自己実現を図ろうとする態度を養う。

---

(1) **特別活動の全体目標と特別活動の各活動・学校行事**

特別活動の全体目標で示された資質・能力は、各活動・学校行事の次のような活動を通して児童生徒が身に付けることを目指すものです。
①学級・ホームルーム活動
学級・ホームルームや学校での生活をよりよくするための課題を見いだし、解決するために話し合い、合意形成し、役割を分担して協力して実践したり、学級・ホームルームでの話合いを生かして自己の課題の解決及び将来の生き方を描くために意思決定して実践したりすることに、自主的、実践的に取り組むことを通して資質・能力を育成する。
②児童会・生徒会活動
異年齢の児童生徒同士で、学校生活の充実と向上を図るための諸問題の解決に向けて、計画を立て役割を分担し、協力して運営することに自主的、実践的に取り組むことを通して、資質・能力を育成する。
③クラブ活動（小学校のみ）
異年齢の児童同士で協力し、共通の興味・関心を追求する集団活動の計画を立てて運営することに自主的、実践的に取り組むことを通して、個性の伸長を図りながら資質・能力を育成する。
④学校行事
全校又は学年の児童生徒で協力し、よりよい学校生活を築くための体験的な活動（高等学校は、全校若しくは学年又はそれらに準ずる集団で協力し、よりよい学校生活を築くための体験的な活動）を通して、集団への所属感や連帯感を深め、公共の精神を養いながら資質・能力を育成する。
このように、特別活動の全体目標及び各活動・学校行事のそれぞれの目標は、生徒指導の目指す自己指導能力や自己実現につながる力の獲得と重なる部分が多いことから、密接な関係にあると言えます。

(2) **生徒指導が中心的に行われる場としての特別活動**

特別活動において、児童生徒は、実践活動や体験活動を通して、集団活動のよさや自己が社会の中で果たしている役割、自己の在り方や生き方との関連で集団活動の価値を理解するようになります。

さらに、多様な集団活動を通して、自主的・自律的に自らの行動を決断し、実行する能力の基盤となる自己指導能力や、集団や社会の形成者として主体的に参画する力、様々な場面で自己のよさや可能性を発揮し、自己実現を図る力を主体的に身に付けていきます。

このような特別活動の場において、教員は、生徒指導の観点から、特別活動の内容の特質や児童生徒の発達の段階に応じて、児童生徒による自発的、自治的な活動を重んじつつ、成就感や自信の獲得につながるように適切な指導や援助に努めることが求められます。

生徒指導は、児童生徒が自らを生かし自己実現できるよう支援する教育機能であり、学校の教育活動全体を通して推進することを基本としています。つまり、生徒指導の充実を図るためには、学校全体の共通理解と取組が不可欠であり、生徒指導が学校全体として組織的、計画的に行われていくことが求められます。その中でも、特別活動は、各教科等の時間以上に生徒指導の機能が作用していると捉えることができます。

したがって、特別活動は、集団や社会の形成者としての見方や考え方を働かせて、よりよい生活や人間関係を築き、人間としての生き方について自覚を深め、自己を生かす能力を獲得するなど、生徒指導が中心的に行われる場であると考えられます。教育課程の編成に当たっては、この点に十分配慮する必要があります。

2.5.3　学級・ホームルーム活動と生徒指導

児童生徒は、学級・ホームルーム活動における自発的、自治的な活動や、学校行事などに取り組むことを通して、集団への所属感や生活上の規範意識を高めるとともに、学級・ホームルームを安心して学習活動に励むことのできる環境として創り上げていきます。

このように児童生徒は、学級・ホームルーム活動を通して、個々の生活や学習上の課題を解決することや、学ぶ意義についての理解を深め、教科等の学習にも主体的に取り組むことができるようになります。すなわち、学級・ホームルーム活動における自発的、自治的な活動は、学級・ホームルーム経営の充実に資するものであるとともに、学校生活の基盤づくりや、互いを尊重し合う人間関係など教科等におけるグループ学習等の協働的な学習の基盤づくりに貢献する重要な役割を担っ

ており、発達支持的生徒指導と重なるものと言えます。

(1)　学級・ホームルーム活動の活動内容と生徒指導

学級・ホームルーム活動の内容は、(1)学級・ホームルームや学校における生活づくりへの参画、(2)日常の生活や学習への適応と自己の成長及び健康安全、(3)一人一人のキャリア形成と自己実現の三つです。

学級・ホームルーム活動(1)は、児童生徒が学級・ホームルーム、学校生活の充実向上のために話し合い、集団としてよりよく合意形成を図って実践する自発的、自治的な活動です。学級・ホームルームや学校への所属感や連帯意識、参画意識を高めるとともに、集団や社会の一員として生活の充実向上のために進んで貢献しようとする社会性の基盤となる態度や行動を身に付け、様々な場面で自己の能力をよりよく生かし、自己実現を図ることができるようにすることが大切です。

学級・ホームルーム活動(2)及び(3)は、一人一人の児童生徒が学級・ホームルーム、学校における生活や学習などの自己の生活上の課題に気付き、学級での話合いを生かして、自分の課題に合った解決方法や実践方法などを意思決定して実践する活動であり、児童生徒の自己指導能力の育成を目指す教育活動に他なりません。

学級・ホームルーム活動及び生徒指導は、児童生徒が自らの課題を見いだし、それを改善しようとするなどの自己指導能力の獲得を目指し、児童生徒一人一人の人格形成を図ることをねらいとしていると言えます。

学級・ホームルーム活動の活動内容と生徒指導は密接な関連をもっており、このことからも学級・ホームルーム活動の時間は、生徒指導を行う中核的な場と言えます。児童生の発達の段階や、地域や学校、児童生徒の実態に応じて、指導内容が系統的になるように年間指導計画を適切に設定し、学級・ホームルーム活動の時間に意図的・計画的に指導することが求められます。

(2)　生徒指導を意識した学級・ホームルーム活動の取組

学校種や学年等の発達の段階に応じて、児童生徒が学級・ホームルームや学校生活上の諸問題を自ら積極的に見いだし、自主的に解決できるようにするために、一人一人の思いや願いを生かし、話合いを繰り返す過程で、多様な他者と協働する

様々な集団活動の意義や活動を行う上で必要なことを理解し、実践的な態度を身に付けるようにすることが重要です。また、いじめの背景として、学級・ホームルーム内の人間関係に起因する問題が多く指摘されていることから、学級・ホームルーム経営と生徒指導の関連を意識した、学級・ホームルーム活動の充実が、課題予防的生徒指導として、いじめの未然防止の観点からも一層重要になります。加えて、学級・ホームルーム活動等で学んだ内容を、児童生徒一人一人が身に付けるためには、集団場面に続いてあるいは並行しての個別場面における指導や援助も必要になります。これらのことを踏まえ、学級・ホームルーム活動において、生徒指導を意識した取組の視点として、次の三点を挙げることができます。

・学級・ホームルーム活動は、児童生徒の自主的、実践的な態度や、健全な生活態度が育つ場であること
・学級・ホームルーム活動は、発達支持的生徒指導を行う中核的な場であること
・学級・ホームルーム活動は、学業生活の充実や進路選択の能力の育成を図る教育活動の要の時間であること

(3) キャリア教育の要の時間としての学級・ホームルーム活動と生徒指導

将来の社会の形成者である児童生徒には、社会的自立に向けた取組（→1.5.4 社会的自立に向けた取組）が重要となります。学級・ホームルーム活動(3)には、「社会参画意識の醸成」が小・中・高等学校共に共通する内容項目として挙げられています。

これは、児童生徒が集団や社会の形成者として、多様な他者と協働して、集団や生活上の諸問題を解決し、よりよい生活をつくろうとする態度を身に付け、「社会の中で自分らしく生きることができる存在」へと成長・発達する過程を支える教育活動としての生徒指導と重なるものです。また、学級・ホームルーム活動がキャリア教育の要の時間であることにも留意しながら、学校全体で取組を進めていくことも大切です。

学級・ホームルーム活動(3)の授業で「キャリア・パスポート」を効果的に活用し、児童生徒が、自ら、現在及び将来の生き方を考えたり、自分に自信を持ち、よさを伸ばして生活したりできるように働きかけることが求められます。そのために、学級・ホームルームでの話合いを生かして

考えを深め、なりたい自分やよりよい自分に向けて意思決定した目標や実践方法について粘り強く努力できる姿勢の獲得につながる活動になるよう配慮することが重要です。

2.5.4　児童会・生徒会活動、クラブ活動と生徒指導

児童会・生徒会活動は、全校の児童生徒で組織する異年齢集団活動です。児童生徒は常に全校的な視点をもってよりよい学校生活の充実と向上を目指して活動することになります。日常的に触れ合う学級集団の人間関係を超えた広い関わりの中で協力し合って学校生活上の諸問題の解決に取り組みます。

学習指導要領では、小学校・中学校共に、児童会・生徒会活動の内容に、「児童会・生徒会の組織づくりと児童会・生徒会活動の計画や運営」が示され、児童生徒が主体的に組織づくりに参画し、計画や運営を行うことができるようにすることが求められています。また、小学校のクラブ活動は、主として第4学年以上の同好の児童による異年齢集団活動です。よりよいクラブ活動づくりに参画し、共通の興味・関心を追求する過程で互いを理解し合い、互いのよさに学び合って交流し人間関係を豊かにしていきます。

(1) 児童会・生徒会活動、クラブ活動の特色と生徒指導

特別活動の内容のうち、小学校の児童会活動と中学校・高等学校の生徒会活動、小学校のクラブ活動は、それぞれのねらいや活動形態等の違いはあるものの、集団活動の基本的な性格や指導の在り方において共通の特色を有しています。それらの活動の役割や意義と生徒指導の関係については、次のように考えることができます。

①異年齢集団活動を通して、望ましい人間関係を学ぶ教育活動であること
②より大きな集団の一員として、役割を分担し合って協力し合う態度を学ぶ教育活動であること
③自発的、自治的な実践活動を通して、自主的な態度の在り方を学ぶ教育活動であること

小学校における児童会活動やクラブ活動の実践の充実が、中学校、高等学校におけるよりよい実践につながっていきます。このことは、児童生徒の自発性、自主性、社会性の発達を支える生徒指導の実践上の視点と密接に関係しています。

児童会・生徒会活動、クラブ活動における自発

的、自治的な活動には、児童生徒の発達の段階に応じた活動への指導や援助が必要です。小学校において全校的な活動をするに当たっては、常に低学年の実態を考える必要があり、多様な集団活動の実践を通して、高学年がリーダーシップやメンバーシップを実感できるようにします。

中学校から高等学校では、自治的な能力にも広がりや深まりが出てくることから、活動内容や運営において生徒自身の自主的な活動の成果や可能性に期待することができるようになります。異年齢集団による活動の場や機会をより多く設定し充実させることにより、高学年や上級生のリーダーシップを育て、学校としての活力を高め、学校文化の形成等を通して学校の教育目標の実現につなげることが重要です。

各活動の活性化や充実には、学級やホームルームにおける指導が大きく影響するため、学級・ホームルーム活動との関連を図って指導する必要があります。学級・ホームルーム活動で、児童生徒は生活上の諸問題について積極的に話し合ったり、係活動で友達と協力し合い創意工夫を生かして学級生活の充実を図ったり、当番活動など学級内の仕事を分担・協力する活動の経験を積んだり、集団活動などを通して人間関係を深めたりします。この過程において、自発的、自治的な活動を助長するための指導や援助を適切に行うことで、児童会・生徒会活動やクラブ活動も活発になり、学校の生活もより充実した楽しいものになります。同時に、児童会・生徒会活動やクラブ活動で経験した多様な活動が学級・ホームルームや学校の生活にも生かされ、より一層充実したものになっていきます。なお、児童会・生徒会においていじめの未然防止に資する活動に取り組む場合は、「いじめ防止対策推進法」の趣旨を踏まえ、児童生徒が自主的、実践的に取り組むことができるよう支援します（→4.3.2 いじめの未然防止教育）。

(2) 主権者意識の向上につながる児童会・生徒会活動と生徒指導

児童生徒の権利を保障する視点や、生徒指導の目的・目標からも、児童生徒が自ら学校生活の充実・向上に向けて、話し合い、協力して実践する児童会・生徒会活動は、児童生徒の自治的能力や主権者としての意識を高める上で極めて重要な活動と言えます。

そのための基盤となるのは学級・ホームルーム活動（2.5.3(1)）です。児童生徒にとって一番身近な社会である学級や学校の生活に目を向け、自分たちでよりよい生活や人間関係を築くことが求められます。その経験を生かして、児童会・生徒会活動及び代表委員会や評議委員会、役員活動、各種専門委員会活動などにおいて、学校生活の充実と向上のための課題を児童生徒が自ら見いだし解決方法について話し合い、協力して実践したり、児童生徒が自らの発意・発想を生かして活動計画を作成したりします。児童会・生徒会の一員として自分の果たすべき役割などについて考え、決めたことに協力して取り組むなどの資質・能力を身に付けることが大切です。

(3) 生徒指導との関連を踏まえた児童会・生徒会活動、クラブ活動の運営上の工夫

児童会・生徒会活動、クラブ活動は、学校という社会的な場で多様な組織による集団活動を通して人間関係を学ぶ機会であり、生徒指導の充実に大きく貢献する教育活動です。生徒指導との関連を踏まえた運営上の工夫として、児童生徒の創意工夫を生かす指導計画の作成と改善に努めること、学級・ホームルーム活動、学校行事との関連を図ること、自発的、自治的な活動を生かす時間、活動場所等の確保に努めることなどが挙げられます。なお、小学校のクラブ活動では、児童が自分の興味や特性を生かそうと努力することによって、失いかけた自信や自己の価値に対する信頼感を取り戻し、問題傾向から抜け出ることができたという事例もあり、継続的な活動が行える十分な時間を確保することが生徒指導の充実にもつながると言えます。

2.5.5　学校行事と生徒指導

(1) 学校行事と生徒指導の関係

学校行事の目標は、「全校又は学年の児童（中学校は、「生徒」）（高等学校は、「若しくは学年又はそれらに準ずる集団」）で協力し、よりよい学校生活を築くための体験的な活動を通して、集団への所属感や連帯感を深め、公共の精神を養いながら」特別活動の全体目標に掲げられた資質・能力を育成することです。

この目標の下に、全校又は学年などを単位として、学校生活に秩序と変化を与え、学校生活の充実と発展に資する体験的な活動を行うことを内容とする教育活動が、学校行事に他なりません。学校行事の内容は、学習指導要領では小・中・高等学校とも基本的には同様となっており、小学校に

おける集団活動や体験活動の豊かな実践が中学校・高等学校における学校行事の充実につながります。学校行事の特質は、多くの点で生徒指導の実践上の視点を生かすことのできる教育活動であると言えます。

学校行事の特色や役割、及び、指導の方向性として、次の３点を挙げることができます。

①学校生活を豊かな充実したものにする体験的な教育活動であること

②全校又は学年という大きな集団により人間関係を学ぶ教育活動であること

③多彩な内容を含んだ総合的、創造的な教育活動とすることが重要であること

このような、学級・ホームルームの場を超えた大きな集団の規模で行われる集団活動である学校行事では、他の学級・ホームルームや、異なる学年の児童生徒との交流、体験的な活動など、普段の学級・ホームルームでの生活や教科等の学習では経験する機会が少ない活動が行われることになります。そのことが、よりよい人間関係の構築や豊かで充実した学校生活づくりにつながります。

特に、文化的行事や体育的行事、遠足（中学・高等学校では旅行）・集団宿泊的行事では、全校縦割りの活動で協力し、励まし合ったり、集団宿泊活動及び自然体験学習などで寝食を共にしたりすることで、協力し合い、支え合うなどの直接体験を通して、自他のよさに気付いたり、人間関係を深めたり、命の大切さを学んだりすることが可能となります。このように生徒指導の充実を図る上で、重要な意義を持っていると考えることができます。

(2)　生徒指導との関連を踏まえた学校行事における指導の工夫と配慮

学校行事における教員の指導については、児童生徒一人一人が受け身でなく、主体的に参加できるよう十分に配慮することが求められます。また、教科学習でつまずきがちであったり、問題行動が見られたり特別な支援を要したりする児童生徒に対しても、自分の得意とする能力や個性などを生かすことができるように配慮し、適切に役割を担うことができるようにすることも重要です。そうすることによって、学校行事への積極的な取組を促すことが期待できます。

このような児童生徒理解に基づいた教員の適切な配慮によって、集団生活への意欲や自信を失っている児童生徒の自己存在感や自己有用感を高め

るとともに、自己の生き方についての考えを深め、自分の能力への自信を回復することが可能になります。したがって、特別活動を通して発達支持的生徒指導の充実を図ることは、児童生徒の「個性の発見とよさや可能性の伸長と社会的資質・能力の発達を支える」という生徒指導の目的を達成することに直接つながるものであると言えるでしょう。

第3章　チーム学校による生徒指導体制

3.1　チーム学校における学校組織

3.1.1　チーム学校とは

平成27年12月に中央教育審議会により「チームとしての学校の在り方と今後の改善方策について」が答申されました。本答申は、学校が抱える現代的課題に応えるために「チームとしての学校」が求められる背景として、次の３点を挙げています。

①新しい時代に求められる資質・能力を育む教育課程を実現するための体制整備

②児童生徒の抱える複雑化・多様化した問題や課題を解決するための体制整備

③子供と向き合う時間の確保等（業務の適正化）のための体制整備

「新しい時代に求められる資質・能力を育む教育課程を実現するための体制整備」では、「社会に開かれた教育課程」として、学校での学びと、実生活や社会生活、つまり現実世界とを接続させ、児童生徒自身が学ぶことに対する意義や意味を見いだすことの重要性が指摘されています。児童生徒が学校で日々学んでいることは、学校の中だけに閉じたものではなく、現実世界との関連があるということを認識することによって、将来の自己実現を展望することが可能になります。その際、図３のように地域社会の様々な人たちが学校の教育活動に参画し、適切なカリキュラム・マネジメントの下で教職員と協働することが求められます。

「複雑化・多様化した課題を解決するための体制整備」は、児童生徒の健全な成長や発達を保障するために解決すべき喫緊の課題です。日本は、諸外国に比して、学校内の専門職として教員が占める割合が高い国です。そのことによる利点も多くありますが、児童生徒の抱える問題や課題が複雑化・多様化しているなかで、教員の専門性を

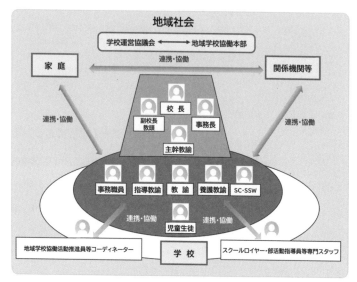

図3　チーム学校における組織イメージ

もって全ての問題や課題に対応することが、児童
生徒の最善の利益の保障や達成につながるとは必
ずしも言えない状況になっています。したがっ
て、多様な専門職、あるいは、専門職という枠組
みにとらわれない地域の様々な「思いやりのある
大人」が、教員とともに学校内で連携・協働する
体制を形作ることが求められています。日常的に
学校で活動している非正規、非常勤の職員との連
携・協働は、今後ますます重要性を増していくと
考えられます。

　「子供と向き合う時間の確保等のための体制整
備」は、OECDによる国際教員指導環境調査
(TALIS) 2018調査結果において、調査参加国中、
日本の教員の1週間当たり勤務時間が最長である
ことが明らかになったことから、その是正が急務
となっている課題です。児童生徒への豊かで実り
ある教育活動を行う上で、教員の専門性が十分に
発揮されるように、多様な職種、さらには職種に
とらわれず地域に存在する協力者との連携・協働
によって、教員の負担軽減を実現することが求め
られます。

　一方で、忘れてならないことは、日本の教員が
担ってきた生徒指導に代表される児童生徒の「全
人格的」な成長・発達を目指す「日本型学校教

育」が、国際的に見て高く評価されていることで
す。平成31年1月の中央教育審議会答申「新し
い時代の教育に向けた持続可能な学校指導・運営
体制の構築のための学校における働き方改革に関
する総合的な方策について」において、「児童生
徒の人格の形成を助けるために必要不可欠な生徒
指導・進路指導」が、学校が担うべき業務として
改めて明示されています。学校における「働き方
改革」を実現し、教員の負担の軽減を図りつつ、
生徒指導の充実を図ることは、「令和の日本型学
校教育」を支えるための重要な要件と言えます。

3.1.2　チーム学校として機能する学校組織
　中央教育審議会答申「チームとしての学校の在
り方と今後の改善方策について」（平成27年12月）
において、チーム学校とは、「校長のリーダー
シップの下、カリキュラム、日々の教育活動、学
校の資源が一体的にマネジメントされ、教職員や
学校内の多様な人材が、それぞれの専門性を生か
して能力を発揮し、子供たちに必要な資質・能力
を確実に身に付けさせることができる学校」と定
義されています。そのような「チーム学校」を実
現するためには、次の四つの視点が必要になりま
す。

第一に、「教員が教育に関する専門性を共通の基盤として持ちつつ、それぞれ独自の得意分野を生かし」チームとして機能すると同時に、「心理や福祉等の専門スタッフを学校の教育活動の中に位置付け」、教員と専門スタッフとの連携・協働の体制を充実させることです。

第二に、「『チームとしての学校』が機能するためには、校長のリーダーシップが必要であり、学校のマネジメント機能をこれまで以上に強化していくこと」が求められています。そのためには、「主幹教諭の配置の促進や事務機能の強化など校長のマネジメント体制を支える仕組みの充実を図る」ことが不可欠です。校長がリーダーシップを発揮し、学校の教育力を向上させていくためには「副校長の配置や、教頭の複数配置、事務長の配置など、校長の権限を適切に分担する体制や校長の判断を補佐する体制の整備によって、管理職もチームとして取り組むこと」が重要です。

第三に、「教職員がそれぞれの力を発揮し、伸ばしていくことができるようにするためには、人材育成の充実や業務改善の取組を進めることが重要」であり、教職員の専門性を高め、それを発揮するための環境を整備することが求められます。具体的には、教員が持てる力を発揮できるように、「校務分掌や校内委員会の持ち方、業務の内容や進め方の見直し、教職員のメンタルヘルス対策等に取り組む」ことが重要です。

以上の三つの視点に加え、「チーム学校」が機能するための第四の視点として、教職員間に「同僚性」（→1.4.1 教職員集団の同僚性）を形成することが挙げられます。これら四つの視点から生徒指導体制を構築することにより、「児童生徒一人一人の発達を支える取組を組織的に進める」生徒指導が可能になります。

つまり、学校がチームとして機能するためには、教職員同士（教員のみならず事務職員や学校用務員、SC、SSW等も含む）はもとより、教職員と多職種の専門家や地域の人々が連携・協働して教育活動を展開することが求められます。しかし、知識や経験、価値観や仕事の文化の違う者同士が関係性を築いていくのはそれほど簡単ではありません。専門性に由来するそれぞれに特有の文化やものの見方をお互いに理解し、考え方や感じ方の溝を埋めることが必要になります。そうでないと、教職員と多職種の専門家等との連携・協働が、かえってメンバーにストレスを生じさせるこ

とにもなりかねません。したがって、学校を基盤としたチームによる連携・協働を実現するためには、教職員、多職種の専門家など、学校に関係する人々に次のような姿勢が求められます。

①一人で抱え込まない

一人でやれることには限界があります。一人で仕事をこなさなくてはという思い込みを捨てて組織で関わることで、児童生徒理解も対応も柔軟できめ細かいものになります。

②どんなことでも問題を全体に投げかける

些細なことでも、学年会や校務分掌の会議、職員会議、ケース会議等に報告し、常に問題を学年全体、学校全体として共有する雰囲気を生み出すことが大切です。

③管理職を中心に、ミドルリーダーが機能するネットワークをつくる

トップダウンのピラミッド型組織ではなく、情報の収集と伝達を円滑に進めるためのネットワークを学校の内外につくることが求められます。その際、連携した行動の核となる司令塔（コーディネーターの役割を果たすミドルリーダー）の存在があってはじめて、役割分担に基づく対応が可能になります。学校規模、学校種、地域性などの実情に応じて、一人でなく複数の教職員（例えば、副校長・教頭、生徒指導主事、養護教諭など）が「コーディネーターチーム」として連携の核になるという方法も考えられます。

④同僚間での継続的な振り返り（リフレクション）を大切にする

思い込みや独善を排するためには、常に自分たちの考えや行動を自己点検する必要があります。しかし、一人で内省的に振り返りを行うことには限界があります。同僚の教職員間で継続的に振り返りを行うことで自身の認知や行動の特性を自覚することができ、幅広い他者との協働が可能になります。

3.2　生徒指導体制

3.2.1　生徒指導部と生徒指導主事の役割

「学校教育法施行規則」では、調和のとれた学校運営が行われるためにふさわしい校務分掌の仕組みを整えることが求められています。また、学校に必置、あるいは、置くことができる「学校職員充て職」に関する規則が設けられています。

学校種によって異なりますが、「学校職員充て

職」の例を挙げると、教務主任や生徒指導主事、進路指導主事、学年主任、保健主事、事務長、事務主任などが挙げられます。これらの主任や主事などは、管理職である校長の監督を受けながら、自らの役割に応じた事項を司り、連絡・調整・指導・助言などに当たります。

このように、学校は組織として校務分掌の仕組みを有しており、教職員は、学校組織の一員として、学校に必要なそれぞれの校務を分担しています。生徒指導は、教育課程の内外を問わず、全ての教育活動を通して、全ての教職員が、全ての児童生徒を対象に行うものであるため、全ての校務分掌が、その目的や役割に応じて、生徒指導に直接的、間接的に関わることになります。

(1)　生徒指導部の役割

その中でも、特に、生徒指導主事を主担当とする生徒指導部（生徒指導委員会等、学校によって名称は異なります。）は、学校の生徒指導を組織的、体系的な取組として進めるための中核的な組織になります。

生徒指導部は、学校種や学校規模、地域によって異なるので一概に言えませんが、生徒指導主事（生徒指導主任・生徒指導部長等）と各学年の生徒指導担当に加えて、教育相談コーディネーターや養護教諭等から構成されます。SCやSSWを生徒指導部のメンバーとして位置付けることも重要です。

また、定例の部会等には管理職も参加すること

が望まれます。校長や副校長、教頭といった管理職の指導の下に、生徒指導主事を中心とするマネジメント体制を構築し、生徒指導部会を開催し、学校全体の生徒指導を推進します。

生徒指導部の主な役割としては、生徒指導の取組の企画・運営や全ての児童生徒への指導・援助、問題行動の早期発見・対応、関係者等への連絡・調整などが挙げられます。生徒指導を実効的な取組にしていくためには、生徒指導部がこれらの役割を果たしつつ、全校的な生徒指導体制を整備・構築していくことが求められます。

生徒指導体制とは、学校として生徒指導の方針・基準を定め、これを年間の生徒指導計画に組み込むとともに、事例研究などの校内研修を通じてこれを教職員間で共有し、一人一人の児童生徒に対して、一貫性のある生徒指導を行うことのできる校内体制を意味します。つまり、生徒指導体制とは、生徒指導部の組織構成や取組体制だけを意味するものではなく、それらを含め、全ての児童生徒を対象に全校的な指導・援助を展開する体制であることを忘れてはならないでしょう（図4）。

(2)　生徒指導主事の役割

生徒指導部及び全校の生徒指導体制の要となる生徒指導主事には、担当する生徒指導部内の業務をラインとして処理していくだけでなく、学校の生徒指導全般にわたる業務の企画・立案・処理が職務として課せられます。生徒指導主事に求められる主な役割を具体的に示すと、次のとおりです。

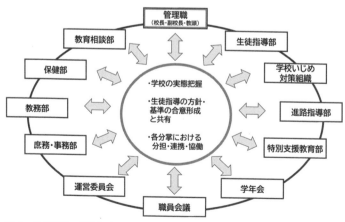

図4　生徒指導の学校教育活動における位置付け

①校務分掌上の生徒指導の組織の中心として位置付けられ、学校における生徒指導を組織的・計画的に運営していく責任を持つ。なお、教科指導全般や特別活動において、生徒指導の視点を生かしたカリキュラム開発を進めていくことも重要な役割である。

②生徒指導を計画的・継続的に推進するため、校務の連絡・調整を図る。

③生徒指導に関する専門的事項の担当者になるとともに、生徒指導部の構成員や学級・ホームルーム担任、その他の関係する教職員に対して指導・助言を行う。

④必要に応じて児童生徒や保護者、関係機関等に働きかけ、問題解決に当たる。

上記の役割を果たしていくためには、次のような姿勢が求められます。

①生徒指導の意義や課題を十分に理解しておくこと。

②学校教育全般を見通す視野や識見を持つこと。

③生徒指導上必要な資料の提示や情報交換によって、全教職員の意識を高め、共通理解を図り、全教職員が意欲的に取組に向かうように促す指導性を発揮すること。

④学校や地域の実態を把握し、それらを生かした指導計画を立てるとともに、創意・工夫に基づく指導・援助を展開すること。

⑤変動する社会状況や児童生徒の心理を的確に把握し、それを具体的な指導・援助の場で生かすこと。

各学校においては、生徒指導主事の任に当たる教員に業務が集中することがないよう、全校的視点に立って人選や校務分掌組織の業務分担を進めていくことも大切です。

なお、小学校においては、生徒指導主事（生活指導主任と呼ばれることもあります。）が学級担任を兼ねている場合が多いので、生徒指導主事に、副校長・教頭（若しくは教務主任等）、養護教諭を加えたチームで上記の役割を果たすことも考えられます。その際、三者間の密接な情報共有と意思疎通を図ることが求められます。

3.2.2　学年・校務分掌を横断する生徒指導体制

生徒指導は、生徒指導部の取組だけで完結するものではありません。学校に関わる全ての教職員が担うものであり、学校全体で取り組むことが必要です。児童生徒と直接関わることが多い学級・ホームルーム担任は、学級・ホームルーム経営を充実させることはもとより、同僚間で相互に学び合うことが求められます。教職員同士が支え合う学校環境を形成することによって、校内の情報共有やビジョンの共有、さらには生徒指導や教育相談、進路指導等の充実が図られ、結果的に児童生徒に肯定的な影響を及ぼすことが可能になります。

生徒指導体制づくりにおいては、生徒指導部の取組のみに着目するのではなく、各学年や各分掌、各種委員会等がそれぞれ組織として実効的に機能する体制をつくるとともに、学年や校務分掌を横断するチームを編成し、生徒指導の取組を推進することが重要です。その際、校長・副校長・教頭等をはじめとする管理職のリーダーシップの下で、学年主任や生徒指導主事、進路指導主事、保健主事、教育相談コーディネーター、特別支援コーディネーターなどのミドルリーダーによる横のつながり（校内連携体制）が形成されることが不可欠の前提となります。

生徒指導体制づくりにおいて大切な三つの基本的な考え方を、以下に示します。

(1)　生徒指導の方針・基準の明確化・具体化

第一に、児童生徒が身につけるべき基本的な生活習慣を含めて、生徒指導の方針・基準に一貫性を持たせ、明確にし、具体化することが求められます。学校の教育目標を達成するための各々の取組について足並みを揃えるために、各学校においては「生徒指導基本指針」あるいは「生徒指導マニュアル」等を作成し、教職員によって目標が異なるバラバラの実践が行われることを防止します。

方針・基準の作成に当たっては、学校や児童生徒の実態把握に基づいて目標設定を行うとともに、児童生徒や保護者、地域の人々の声にできる限り耳を傾けて合意形成を図ることが重要です。実態を無視して、方針・基準だけが硬直化して運用される場合（例えば、児童生徒の実態にそぐわない厳しすぎる校則等）には、児童生徒の成長・発達にマイナスに働くことがあることに留意する必要があります。さらに、方針・基準を作成後、児童生徒と保護者、地域の人々に周知し、理解を得る努力をすること（例えば、学校のホームページに掲載する等）が大切です。

(2)　全ての教職員による共通理解・共通実践

第二に、学校の教育目標として「児童生徒がどのような力や態度を身に付けることができるように働きかけるのか」という点についての共通理解

を図ること、そして、共通理解された目標の下で、全ての教職員が、児童生徒に対して、粘り強い組織的な指導・援助を行っていくことが重要です。実践に当たっては、児童生徒を取り巻く環境や発達段階を丁寧に理解した上で、全校的な取組を進めることが求められます。その際、働きかけを効果的なものにするためには、教職員と児童生徒、教職員と保護者、教職員同士の信頼関係の形成に努めることが不可欠です。

(3) PDCAサイクルに基づく運営

　第三に、生徒指導体制の下で進められている取組が児童生徒にとって効果的なものとなっているかどうか、定期的に点検し、振り返りに基づいて取組を更新し続けることが重要です。上述した「生徒指導の方針・基準の明確化・具体化」や「全ての教員による共通理解・共通実践」は、一度確定したり、確認したりしたらそれで終わりというものではありません。児童生徒や保護者、教職員の声（例えば、アンケートの回答データ等）を踏まえて、不断の見直しと適切な評価・改善を行うことが求められます。

　取組の点検のために実施する児童生徒へのアンケートの内容としては、学校に対する所属意識や愛着、学校への安全・安心感、教職員や学校に関わる大人との関係性、同級生や先輩・後輩との人間関係、いじめの被害や加害の経験等が挙げられます。学校の環境や地域とのつながり等について点検を行う場合は、保護者を対象にアンケートを実施することも有効です。また、教職員に対しても、生徒指導の取組や職場環境（例えば、教職員同士の協力関係や学び合いの状況等）への意識について確認し、生徒指導体制を整え、充実させていく上での手がかりにすることも大切です。

3.2.3　生徒指導のための教職員の研修

　生徒指導体制を充実させるためには、全ての教職員が、問題意識や生徒指導の方針・基準を共有し、生徒指導を着実かつ的確に遂行することが求められます。その基盤となるのが、研修等を通した不断の研究と修養です。研修は、校内研修と校外研修に大別されます。

(1) 校内における研修

　校内における研修には、全教職員が参加して組織的・計画的に行われる研修と、校務分掌に基づいて特定の教職員によって行われる研修があります。教職員のそれぞれが果たすべき役割や可能性

などについて理解し、適切な組合せを考える必要があります。

　全教職員が参加して行う校内研修は、教育理念や教育方法、生徒指導の方針・基準などについての共通理解を図り、日常的な指導のための共通基盤を形成することを目的とします。全教職員が参加して行われる研修以外にも、生徒指導を主として担当する複数の教職員（生徒指導部単独、若しくは関連する他の校務分掌と合同）によって行われる研修等があります。

(2) 校外における研修

　生徒指導に関する校外の研修は、主として教育委員会等によって主催されます。生徒指導を適切に行う資質や能力は、全ての教職員に必要とされるため、初任者研修や中堅教諭等資質向上研修など、あらゆる段階の研修内容に盛り込まれています。

　加えて、生徒指導主事や教育相談コーディネーター、進路指導主事など、校務分掌組織においてリーダーシップを発揮することが求められる教職員を対象とした研修も行われます。参加者個々の生徒指導の力量を高めることは当然のことですが、そのほかに、ミドルリーダーとして必要とされる資質や能力の向上を図る内容を組み込むことが重要です。

　さらに、教職員一人一人が自発的意志によって自らの資質や能力を向上させるよう努め、学び続けることが肝要です。

(3) 生徒指導に関する研修の方向性

　生徒指導を効果的に進めるには、単に問題の原因探しをするだけでなく、問題の構造や本質を冷静に探究・吟味し、必要があれば、意見や取組での対立にも考慮し、バランスのとれた具体的な解決策を見いだそうとする姿勢が不可欠です。

　避けなければならないのは、問題の本質を理解しようとする姿勢を失い、問題の原因を児童生徒本人や家庭のみにあると決めつけて、教職員と児童生徒は相互に影響し合うという認識を欠いてしまうことです。そうなると、信頼関係を基盤に児童生徒や保護者に働きかけることが難しくなってしまいます。そうならないように、児童生徒の行動をみるときの自分自身の視座（視点や認識の枠組み）に気付くことが、教職員一人一人に求められます。あらゆる段階の研修において、「学び続ける教員」として、自己を理解し、自らの実践や体験を批判的に問い直す姿勢を持ち続けるように

することが大切です。

また、研修の方向性として、個人の職能開発だけでなく、組織学習の視点に立つことも必要です。個人の職能開発では、教職員個人の生徒指導に関する知識・技術・態度それぞれについての改善・向上を図ることにより、学校の生徒指導力を強化することが目指されます。教職員一人一人の生徒指導上の力量形成を図ることが重要であることは言うまでもありませんが、組織学習においては、学校の継続的改善に力点が置かれます。個人の職能開発だけでなく、学校が継続的に自らの組織を改善していくためには、学校が「学習する組織」へと変容していくことが求められます。

そこでは、教職員個々の生徒指導の力量形成だけでなく、学校組織として取組を振り返り、組織改善を継続できる学校の組織力の向上を図ることが目指されます。また、生徒指導上の諸課題を同僚と協働して解決していくことを通して、教職員集団の認識や行動を変化させ、結果として個人の力量形成につなげていくという視点を持つことも不可欠です。

このように、各学校において、教職員同士が継続的な振り返りを通して、学び合う文化・風土が根付くように、校内研修の一層の工夫と充実を図ることが求められます。

3.2.4　生徒指導の年間指導計画

生徒指導を全校体制で推進していくためには、年間指導計画の整備と改善が重要な鍵となります。特に、児童生徒に関わる様々な問題行動などを未然に防止して、発達を支える生徒指導を実現していくためには、適正な年間指導計画を作成することが不可欠です。意図的、計画的、体系的な指導につながる年間指導計画を作成・実行するには、以下のような視点に立つ必要があります。

・課題早期発見対応ないし困難課題対応的生徒指導だけでない、発達支持的生徒指導及び課題未然防止教育に関する学校の生徒指導の目標や基本方針などを、年間指導計画の中に明確に位置付ける。
・児童生徒が、将来、社会の中で自己実現を果たすことができる資質・態度や自己指導能力を身に付けるように働きかけるという生徒指導の目的を踏まえて、年間指導計画の作成に当たる。
・計画性を重視した効果的な支援を積み上げて

いく。

生徒指導の年間指導計画は、各学校の創意に基づいて作成されており、校種の違いや学校の実態によって、項目や形式が異なっています。しかし、計画が実効的な機能を果たすためには、全ての学校で計画の重要な柱となる、児童生徒を支え、指導・援助する「時期」と「内容」を明確に記す必要があります。また、年間指導計画の作成を通して、教育課程との関わりを具体的に明らかにしていくことも求められます。このため、計画を作成する段階から全教職員が参画し、全校体制で生徒指導に当たっていく意識を高めることが大切です。

また、年間指導計画の中に、生徒指導に関する教職員研修の機会を組み入れて、常に全教職員が組織的に取り組むことの重要性を意識することも重要です。なお、計画の中に担当部署や担当者名を明記するなど、教職員一人一人に生徒指導に対する当事者意識を喚起するような工夫を図っていくことも求められます。

3.3　教育相談体制

3.3.1　教育相談の基本的な考え方と活動の体制

教育相談の目的は、児童生徒が将来において社会的な自己実現ができるような資質・能力・態度を形成するように働きかけることであり、この点において生徒指導と教育相談は共通しています。ただ、生徒指導は集団や社会の一員として求められる資質や能力を身に付けるように働きかけるという発想が強く、教育相談は個人の資質や能力の伸長を援助するという発想が強い傾向があります。

この発想の違いから、時には、毅然とした指導を重視すべきなのか、受容的な援助を重視すべきなのかという指導・援助の方法を巡る意見の違いが顕在化することもあります。しかし、教育相談は、生徒指導の一環として位置付けられ、重要な役割を担うものであることを踏まえて、生徒指導と教育相談を一体化させて、全教職員が一致して取組を進めることが必要です。そのため、教職員には、以下のような姿勢が求められます。
①指導や援助の在り方を教職員の価値観や信念から考えるのではなく、児童生徒理解（アセスメント）に基づいて考えること。
②児童生徒の状態が変われば指導・援助方法も変わることから、あらゆる場面に通用する指導や援助の方法は存在しないことを理解し、柔軟な

働きかけを目指すこと。

③どの段階でどのような指導・援助が必要かとい
う時間的視点を持つこと。

また、教育相談は、生徒指導と同様に学校内外
の連携に基づくチームの活動として進められま
す。その際、チームの要となる教育相談コーディ
ネーターの役割が重要です。

(1) 校内チーム

チームとして活動する際には、校長の指揮監督
の下にあるメンバーで構成される校内チームが基
本となります。校内チームは、目的によって二種
類に分類されます。

第一は、機動的に支援を実施するために、担任
とコーディネーター役の教職員（教育相談コー
ディネーター、特別支援教育コーディネーター、
養護教諭など）を中心に構成される比較的少人数
の支援チームです。

第二は、児童生徒理解や支援方針についての共
通理解を図ることを目的とし、教育相談コーディ
ネーター、特別支援教育コーディネーター、養護
教諭等に、SC、SSWを加え、さらに、学年主任
や生徒指導主事などの各分掌の主任等を含む比較
的多様なメンバーで構成される支援チームです。

生徒指導部会、教育相談部会、スクリーニング
会議、ケース会議などがこれに相当します。これ
らのチームが前者の少人数で動く支援チームの役
割を尊重し、情報を共有しながら一定の裁量を認
めることで、その機動性がより高まると考えられ
ます。

発達支持的生徒指導や課題未然防止教育の観点
で開かれる会議に教育相談コーディネーターや
SC、SSWが参加し、ニーズを検討し、必要な活
動を共に考え、年間計画を立てることも重要で
す。

(2) 学校外の専門機関等と連携したチーム

学校外には、児童生徒の支援を目的に活動をし
ている団体や施設があります。その活動に関する
様々な情報を把握し、地域と協力して校外のネッ
トワークを活かしたチーム支援を進めることも大
切な視点です。

また、緊急性の高い事態が発生し、校内だけで
は対応が難しい場合には、管理職を含めたケース
会議を開き、外部機関との連携の可能性を探りま
す。その際には、情報の齟齬によって対応にずれ
が生じないように、外部との連絡なども含め教育
相談コーディネーターが情報を一元的に管理する

ことが必要になります。そのためにも、教育相談
コーディネーターが自由に動けるような体制を整
えておくことが重要です。

SCやSSW、医師、警察官などは、それぞれの
職能団体が定めた倫理綱領や法によって守秘義務
を負っています。そのことを相互に理解し、尊重
することが必要です。その一方で、児童生徒の指
導・援助に当たっては情報の共有は欠かせず、通
告の義務が生じる場合もあることから、チームの
メンバーは、守秘義務を理由にすることで支援が
妨げられないように、必要な情報共有を行うとい
う意識を持つことが求められます。

チームを組めば、そこには必ず守秘義務が発生
します。たとえ立場の違う者同士がチームを組む
としても、チーム内での守秘義務が徹底されるな
らば、それぞれの立場における守秘義務を盾にし
なければならないケースは減ると考えられます。
したがって、チーム内での守秘義務の徹底は、良
好な連携・協働を進めるための大前提と言えるで
しょう。

3.3.2　教育相談活動の全校的展開

(1) 発達支持的教育相談

「発達支持的教育相談」とは、様々な資質や能
力の積極的な獲得を支援する教育相談活動です。
個々の児童生徒の成長・発達の基盤をつくるもの
と言えます。個別面談やグループ面談等の相談活
動だけでなく、通常の教育活動を発達支持的教育
相談の視点を意識しながら実践することも重要で
す。例えば、特別活動では、「望ましい人間関係
の形成」、「協働的な問題解決能力の育成」などを
目的とする活動が行われます。教科学習において
も、対人関係スキルや協働的な問題解決力を身に
付けることのできる学びが実施されます。こうし
た活動の発達支持的な側面に着目し、教育相談の
考え方を意識しながら教育実践を行うことが求め
られます。

(2) 課題予防的教育相談：課題未然防止教育

「課題予防的教育相談」は大きく二つに分類で
きます。第一は、全ての児童生徒を対象とした、
ある特定の問題や課題の未然防止を目的に行われ
る教育相談です。第二は、ある問題や課題の兆候
が見られる特定の児童生徒を対象として行われる
教育相談です。両者とも「課題予防的教育相談」
として分類されます。前者の例としては、全ての
児童生徒を対象に、いじめ防止や暴力防止のため

のプログラムを、SCの協力を得ながら生徒指導主事と教育相談コーディネーターが協働して企画し、担任や教科担任等を中心に実践する取組などが挙げられます。

(3) 課題予防的教育相談：課題早期発見対応

一方、後者の例としては、発達課題の積み残しや何らかの脆弱性を抱えた児童生徒、あるいは環境的に厳しい状態にある児童生徒を早期に見つけ出し、即応的に支援を行う場合などを挙げることができます。具体的には、次のような取組を行います。

①早期発見の方法

早期発見の方法として、代表的なものに「丁寧な関わりと観察」や「定期的な面接」、「作品の活用」、「質問紙調査」が挙げられます。危機的な状況に置かれていても、その状況を適切に表現出来ない児童生徒も少なくありません。したがって、児童生徒が危機のサインを表出するのを待つだけではなく、教職員が積極的に危機のサインに気付こうとする姿勢を持つことが大切です。

具体的には、「丁寧な関わりと観察」を通じて、児童生徒の心身の変化を的確に把握するように努めます。以下のようなサインに気付いた場合には、背後に何らかの問題が隠れている可能性を想定して対応することが求められます。

・学業成績の変化（成績の急激な下降等）
・言動の変化（急に反抗的になる、遅刻・早退が多くなる、つき合う友達が変わる等）
・態度、行動面の変化（行動の落ち着きのなさ、顔色の優れなさ、表情のこわばり等）
・身体に表れる変化（頭痛、下痢、頻尿、原因不明の熱等）

「定期相談」は、5分程度の面接であっても、継続することにより、「定期相談のときに相談できる」という安心感の形成と信頼関係の構築に効果的に作用します。面接に当たっては、受容的かつ共感的に傾聴することを心がけ、児童生徒理解に努めることが重要です。

「作品の活用」も有効です。児童生徒の日記、作文、絵などは、そのときの心理状態、自尊感情の有り様、発達の課題などに関する有益な情報を含んでいます。気になる作品等があれば、写真におさめて記録に残したり、他の教職員やSCと一緒に検討したりすることも大切です。

「質問紙調査」は、観察や面接などで見落とした児童生徒のSOSを把握するために有効な方法と言えます。観察では友人関係に問題がないと思われていた児童生徒へのいじめが発覚し、改めて質問紙調査を確認すると実は課題が示されていたというような事例も見られます。観察等と組み合わせた質問紙調査を行うことで、より深い児童生徒理解が可能になります。

②早期対応の方法

「早期対応の方法」として、代表的なものに「スクリーニング会議」や「リスト化と定期的な情報更新」、「個別の支援計画」、「グループ面談」、「関係機関を含めた学校内外のネットワーク型による支援」が挙げられます。

「スクリーニング会議」は、教育相談コーディネーターをはじめ、生徒指導主事、特別支援教育コーディネーター、養護教諭、SC、SSWなどが集まり、リスクの高い児童生徒を見いだし、必要な支援体制を整備するために開催される会議です。

この会議では、悩みや不安を抱える児童生徒を広く網に掛けるようにスクリーニングします。会議で取り上げることによって、児童生徒のリスク要因を理解し意識的に見守る教職員の目が増えます。欠席日数、遅刻・早退の回数、保健室の利用回数などスクリーニングにかける際の基準を決めておくことと、学級・ホームルーム担任以外も対象の児童生徒を認識しておくことが重要です。そうすることで、学級・ホームルーム担任の抱え込みなどによる支援の遅れを防ぐことができます。

「リスト化と定期的な情報更新」は、身体面、心理面、対人関係面、学習面、進路面などの領域で気になる児童生徒を全てリスト化し、定期開催される「スクリーニング会議」で確認し、リストの情報をアップデートすることです。アップデート自体が早期発見について高い効果を持ち、何らかの問題が生じたときにも、豊富で正確な情報に基づく的確な介入が可能になります。その中でも特に集中的な関わりの必要性があると判断された児童生徒は、「ケース会議」に付託され、必要に応じてチーム支援が実行に移されることになります。

「個別の支援計画」は、「ケース会議」の対象となる援助ニーズの高い児童生徒について、アセスメントに基づくプランニングを行い、具体的な支援策を明示するために作成されるもので

す。特定の様式はありませんが、各都道府県教育委員会等でも試作されていますので、参考にしながら各学校で使いやすいものを作成することが求められます。

「グループ面談」は、「進路に関する悩み」や「SNSについて」、「数学が分からない」などの特定のテーマで対象者を募集したり、家庭状況や、欠席日数、遅刻・早退などのリスク要因の観点から対象者をピックアップしたりするなどして実施します。内容だけでなく、グループ面談を通じた人間関係形成が、問題の未然防止に高い効果を持ちます。

「関係機関を含めた学校内外のネットワークによる支援」は、各学級に一定数いるリスクの高い状態にある児童生徒（例えば、医療的ニーズや福祉的ニーズがある、保護者が精神疾患を抱えている、虐待や不適切な養育下にあるなど）に対して、相談できる人的ネットワークや学校以外に安心できる居場所を見つけ、確保することを意味します。例えば、学校内においては、「教育相談週間」を設定し、児童生徒が担任以外にも希望する教職員と面談できるようにし、学校内で相談できる対象者を広げられるようにする取組が考えられます。相談室・保健室・図書室・校長室等を居場所とする取組をしている学校もあります。また、学校外には、学習支援、集団遊び、生活支援、食事の提供などに取り組む放課後等デイサービスや公民館、民間団体などがあります。SSWと連携して、地域の社会資源を活用するためのネットワークを構築することも重要です。

(4) 困難課題対応的教育相談

「困難課題対応的教育相談」は、困難な状況において苦戦している特定の児童生徒、発達や適応上の課題のある児童生徒などを対象とします。こうした児童生徒に対してはケース会議を開き、教育相談コーディネーターを中心に情報収集を行い、SCやSSWの専門性を生かしながら、教育、心理、医療、発達、福祉などの観点からアセスメントを行い、長期にわたる手厚い支援を組織的に行うことによって課題の解決を目指します。その際、学校外のネットワークを活用して、地域の関係機関と連携・協働することが重要です。

なお、学級・ホームルーム担任が自らの指導力不足であるという責任を感じて追い込まれている場合も見られますので、学級・ホームルーム担任を支える観点も不可欠です。しかし、そのことは、学級・ホームルーム担任の代わりに他の教職員や専門家が全てを引き受けることではありません。あくまでも負担軽減を図ることで、学級・ホームルーム担任としての自負心を傷付けずに、必要な役割を果たせるように支えることが目的です。

3.3.3　教育相談のための教職員の研修

(1) 研修の目的と内容

教育相談研修の目的は、学校の教育相談体制を十分に機能させることです。したがって、研修を計画する段階で、誰が、何をできるようになるための研修なのかを明確にすることが重要です。

教育相談を中核で支えるのは教育相談コーディネーターです。したがって、心理学的知識や理論、カウンセリング技法、心理面に関する教育プログラムについての知識・技法だけでなく、医療・福祉・発達・司法についての基礎的知識を持つことが求められます。また、学級・ホームルーム担任は、発達障害や愛着などを含む心理的発達や社会的発達についての基本的な知識や学級・ホームルーム経営に生かせる理論や技法、カウンセリングの基礎技法などについての基本的な理解を身に付けることが望まれます。さらに、児童生徒の最も近いところにいるのは学級・ホームルーム担任であることを考えると、いじめや不登校についての基本的理解と予兆の現れ方、スクリーニングの方法などについての研修も必要になります。

教育相談コーディネーターや学級・ホームルーム担任などの教職員に対して、全ての児童生徒への発達支持的教育相談を行うために、社会性の発達を支えるプログラム（ソーシャル・スキル・トレーニング等）などに関する研修や、自殺予防教育やいじめ防止プログラムなどの課題未然防止教育に関する研修を行うことも大切です。

(2) 研修の計画

多忙化に伴う業務の見直しによって研修時間が削減されている学校や教育委員会等が少なくありません。しかし、知識や技法の習得には一定時間の研修が必要であり、研修をしなければ教職員の力量形成は進まず、児童生徒の問題は肥大化します。研修の計画に当たっては、学校の実情に応じて取り上げる課題に優先順位をつけるなどして、教職員の負担を軽減する工夫が必要になります。

また、研修を行う場合に最も重要なことは、実

際に改善につながる内容と方法を学べる研修を企画することです。特に教育相談研修においては、実際の事例を取り上げて討議をしたり、演習やロールプレイを取り入れたりすることが有効です。研修の効果を実感することが、次の研修への動機付けとなります。

3.3.4　教育相談活動の年間計画

　教育相談活動は、PDCAサイクルで展開されます。「本質的な問題点への気付き」がなければ、問題は繰り返されてしまうため、分析での気付きに基づいて改善案を作成します。教育相談は、予算、施設設備、人的資源（教職員、SC、SSWなどからなる組織）、実践や研修に関する年間計画などによって支えられています。どの部分にどのような改善が必要なのかという観点から、改善策を考えることが重要です。

　したがって、教育相談活動やその体制について、児童生徒、保護者、教職員に評価を依頼し、実施することが求められます。この三者の観点から得た評価を照らし合わせながら、最終的な評価を行います。

　評価は問題点だけを検討することではありません。良かった点が明確になることで、教職員は実践に対する確信と効力感を持つことができます。また、たとえ課題があったとしても、それを具体的に分析することで、次に取り組むべきことが明確になり、実践の改善が促されます。

　なお、教育相談は、教育相談コーディネーター、SC、SSWが個人的に実践するものでないことは、言うまでもありません。発達支持・課題予防（課題未然防止教育・課題早期発見対応）・困難課題対応の3類4層構造の教育相談が組織的・計画的に実践できる体制づくりが、何よりも重要です。このことを踏まえ、教育相談に関する校内組織は、学校種、学校の規模、職員構成、児童生徒の実態や地域性などを勘案し、実効的に機能する体制として構築されることが求められます。

　次に、学校の教育計画全体の中に教育相談の全体計画を位置付け、それに基づいて年間計画を作成します。全ての児童生徒を対象とする発達支持的教育相談と課題未然防止教育は、年間計画に位置付けることが特に重要です。

　さらに、教育相談活動はチームで行う活動であり、その構成員にはそれぞれ求められる役割があります。例えば、心理面に関する教育プログラム

の開発は生徒指導主事と教育相談コーディネーターがSCの協力を得ながら行い、学級・ホームルーム担任が実施の中心になります。不登校児童生徒への面接はSCが実施し、スケジュール調整は教育相談コーディネーターが行い、学級・ホームルーム担任は、児童生徒との信頼関係の構築や学級づくりを進めます。発達障害が背景にあれば、特別支援教育コーディネーターが担任等と協働して「個別の指導計画」を立て、きめ細かな支援を行います。虐待の可能性があれば、学級・ホームルーム担任や養護教諭等の教職員とSSW等が家庭や関係機関等と連携を取るなどの対応をします。このように、一つのケースや取組であっても、それぞれの立場から協力して教育相談を推進することが重要です。

3.4　生徒指導と教育相談が一体となったチーム支援

3.4.1　生徒指導と教育相談

　時として、生徒指導の視点から、「教育相談は、話を聞くばかりで子供を甘やかしているのではないか」、教育相談の視点からは、「生徒指導は、きまりを押しつけるばかりで、子供の心を無視しているのではないか」というような対立的な意見が示されることもあります。また、学級・ホームルーム担任として、集団に重点を置く規範的・指導的態度と個に重点を置く受容的・相談的態度とのバランスをとるのが難しいという声が聞かれることもあります。

　先述したように、教育相談は全ての児童生徒を対象に、発達支持・課題予防・困難課題対応の機能を持った教育活動です。また、教育相談はコミュニケーションを通して気付きを促し、悩みや問題を抱えた児童生徒を支援する働きかけです。その点において、主体的・能動的な自己決定を支えるように働きかけるという生徒指導の考え方と重なり合うものです。したがって、両者が相まってはじめて、包括的な児童生徒支援が可能になります。

　児童生徒の発達上の課題や問題行動の多様化・深刻化が進む中で、今起こっていることの意味を探り今後起こり得る展開を予測し、ばらばらな理解による矛盾した対応を避けて、共通理解に基づく組織的対応を行うことの必要性が高まっています。そのため、学校として組織的な生徒指導を進める上で、心理的・発達的な理論に基づいて問題

の見立てを行うアセスメント力や実際の指導場面での臨機応変で柔軟な対応力、学校内外の連携を可能にするコーディネート力などを備えることが求められます。

生徒指導は児童生徒理解に始まり、児童生徒理解に終わると言われるように、生徒指導におけるアセスメント（見立て）の重要性は言うまでもありません。理解の側面を抜きにした指導・援助は、働きかけの幅が狭くなり、長い目で見たときの効果が上がりにくくなります。例えば、すぐに暴力をふるう児童生徒に対する指導において、どうしてその児童生徒が暴力に訴えるのかという「理解」をせずに一方的な働きかけをしても、問題の根本的解決に至ることは難しいからです。児童生徒理解とは、一人一人の児童生徒に対して適切な指導・援助を計画し実践することを目指して、学習面、心理・社会面、進路面、家庭面の状況や環境についての情報を収集し、分析するためのプロセスを意味します。その点において、教育相談の基盤となる心理学の理論やカウンセリングの考え方、技法は児童生徒理解において有効な方法を提供するものと考えられます。

3.4.2 生徒指導と教育相談が一体となったチーム支援の実際

教育相談、キャリア教育、特別支援教育は、生徒指導と同様に児童生徒に対する指導・援助を行う分野として学校内の校務分掌に位置付けられ、それぞれに教育活動を展開しています。そのため、一人の児童生徒に対する指導・援助がお互いに独立した働きかけとして展開される場合も見受けられます。いじめや暴力行為、非行は生徒指導、不登校は教育相談、進路についてはキャリア教育（進路指導）、障害に関することは特別支援教育が担う、というように縦割りの意識と分業的な体制が強すぎると、複合的・重層的な課題を抱えた児童生徒への適切な指導・援助を行うことが阻害されてしまう状況も生じかねません。児童生徒一人一人への最適な指導・援助が行えるように、それぞれの分野の垣根を越えた包括的な支援体制をつくることが求められます。

担任一人ではできないことも、他の教職員や多職種の専門家、関係機関がチームを組み、アセスメントに基づいて役割分担をすることで、指導・援助の幅や可能性が飛躍的に広がります。また、学校だけでは対応しきれない部分をカバーしたり、よりよい解決の方向性を見いだしたりするためには、多職種の専門家との連携が不可欠です。異なる専門性に基づく発想が重ね合わさることで、新たな支援策が生み出されます。

(1) 困難課題対応的生徒指導及び課題早期発見対応におけるチーム支援

以下に、課題を抱えて苦戦したり、危機に陥ったりした児童生徒に対して、生徒指導と教育相談の連携を核に、多職種との協働も視野に入れた包括的な支援をチームとして展開するプロセス（図5）と留意点を示しました。その際、生徒指導主事、教育相談コーディネーター、特別支援教育コーディネーター、養護教諭等のコーディネーターの果たす役割が極めて重要になります。

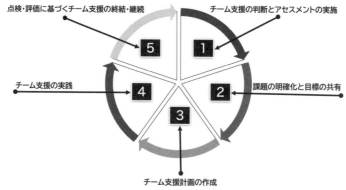

図5 チーム支援のプロセス（困難課題対応的生徒指導及び課題早期発見対応の場合）

①チーム支援の判断とアセスメントの実施

　課題を抱えて苦戦したり、危機に陥ったりして特別な指導・援助を必要とする児童生徒の課題解決について、生徒指導部や教育相談部、特別支援教育部等の校務分掌及び学年を横断したチーム支援の必要性を検討します。

　その際、児童生徒の課題解決に向けて、生徒指導主事や教育相談コーディネーター等が中心となり、関係する複数の教職員（学校配置のSC、SSW等を含む。）等が参加する、アセスメントのためのケース会議を開催します。当該児童生徒の課題に関連する問題状況や緊急対応を要する危機の程度等についての情報を収集・分析・共有し、課題解決に有効な支援仮説を立て、支援目標や方法を決定するための資料を提供し、チーム支援の必要性と方向性について判断します。③の段階で、アセスメントに基づいて、「チーム支援計画」が作成されるので、アセスメントは、チーム支援の成否の鍵を握っているといっても過言ではありません。

　アセスメントには、多種多様な方法がありますが、その中でも、心理分野・精神医療分野・福祉分野等で活用されているアセスメントの方法として、生物・心理・社会モデル（以下「BPSモデル」という。）によるアセスメントを挙げることができます。

　BPSモデル（Bio-Psycho-Social Model）では、児童生徒の課題を、生物学的要因、心理学的要因、社会的要因の3つの観点から検討します。例えば、不登校の児童生徒の場合、「生物学的要因（発達特性、病気等）」、「心理学的要因（認知、感情、信念、ストレス、パーソナリティ等）」及び「社会的要因（家庭や学校の環境や人間関係等）」から、実態を把握すると同時に、児童生徒自身のよさ、長所、可能性等の自助資源と、課題解決に役立つ人や機関・団体等の支援資源を探ります。

②課題の明確化と目標の共有

　ケース会議の目的は、その児童生徒や家庭に必要な指導・援助は何か、どうやってそれを届けていくか、を決定することです。そのためには、課題を明確化し、具体的な目標（方針）を共有した上で、それぞれの専門性や持ち味を生かした役割分担を行う必要があります。

　また、指導・援助は中・長期的に継続されていくものであり、長期目標（最終到達地点）

と、それを目指すスモールステップとしての短期目標が必要になります。状況に応じて、短期目標を修正したり、次のステップへと進めたりするため、ケース会議は継続的に行われるものであることを共通理解しておくことも大切です。

③チーム支援計画の作成

　アセスメントに基づいて、問題解決のための具体的なチームによる指導・援助の計画を作成します。「何を目標に（長期目標と短期目標）、誰が（支援担当者や支援機関）、どこで（支援場所）、どのような支援を（支援内容や方法）、いつまで行うか（支援期間）」を記載した「チーム支援計画」を作成し、支援目標を達成するための支援チームを編成します。支援チームには、以下のような形態（**図6**）が考えられます。

・児童生徒や保護者と連携しつつ、学級・ホームルーム担任とコーディネーター役の教職員（生徒指導主事や教育相談コーディネーター、特別支援コーディネーター、学年主任等）が連携して、機動的に問題解決を行う機動的連携型支援チーム。

・生徒指導主事、教育相談コーディネーター、特別支援教育コーディネーター、養護教諭、SC、SSWなどがコーディネーターとなり、学年主任や関係する校務分掌主任などを加えて、課題早期発見対応の対象となる児童生徒のスクリーニングや困難課題対応的生徒指導などのために、校内の教職員の連携・協働に基づいて定期的にケース会議を開催し、継続的に支援を行う校内連携型支援チーム。

・学校、家庭と教育委員会、地域の関係機関等がそれぞれの役割や専門性を生かして連携・協働し、困難課題対応的生徒指導を継続的に行うネットワーク型支援チーム（自殺、殺人、性被害、児童虐待、薬物乱用等、学校や地域に重大な混乱を招く危険性のある事態が発生した場合には、ネットワーク型緊急支援チームとして危機対応に当たる。）。

④チーム支援の実践

　チーム支援計画に基づいて、チームによる指導・援助を組織的に実施します。その際の留意点として、以下のことが指摘できます。

・定期的なチームによるケース会議の開催

　チームによる指導・援助の実施段階では、コーディネーターが中心となって、定期的に

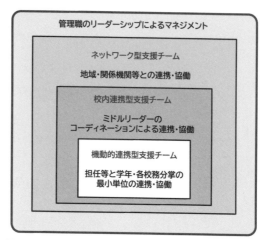

図6　支援チームの形態

ケース会議を開催します。ケース会議では、メンバーの支援行為、児童生徒や保護者の反応・変化についての経過報告を行い、目標達成の進捗状況を把握します。特に、効果的な支援は継続・発展させ、そうでない支援は中止・改善する必要があります。

・関係者間の情報共有と記録保持

支援対象となっている児童生徒や保護者との密接な情報共有が、効果的な実践や信頼関係の基盤となります。また、会議の録音や会議録、チームとしての活動記録などを、適切に保存しておくことも必要です。

・管理職への報告・連絡・相談

チーム支援の活動に関しては、管理職に報告・連絡・相談をし、細やかな情報共有を行うことが求められます。管理職は、支援チームの活動状況を把握（モニタリング）し、効果について評価した上で、適時適切な指示や助言を行うように心がけます。

⑤点検・評価に基づくチーム支援の終結・継続

チーム支援計画で設定した長期的、短期的な目標の達成状況について学期末や学年末に総括的評価を行うことが必要です。チーム支援計画の目標が達成されたと判断された場合は、チーム支援を終結します。なお、年度を越える場合は、再度新年度にケース会議を開催してアセスメントを行い、チーム支援計画を見直して支援

を継続します。その際、前年度における支援の状況（児童生徒の様子、活動記録など）についての引継ぎが、支援の継続性を担保する鍵になります。

ここまでは、困難課題対応的生徒指導、及び課題早期発見対応におけるチーム支援のプロセスを示してきましたが、次に、発達支持的生徒指導及び課題未然防止教育におけるチーム支援について考えてみます。

(2)　発達支持的生徒指導及び課題未然防止教育におけるチーム支援

全ての児童生徒を対象とする発達支持的生徒指導及び課題未然防止教育においても、生徒指導と教育相談の連携を核に多職種との協働に基づく取組をチームとして展開することの重要性は言うまでもありません。また、生徒指導に関するどのような取組でも、学校の教育活動において成果を上げるためには、漠然と取り組むのではなく、目標を立て、それに向けて計画的なプロセスを辿ることが必要です。

以下に、全ての児童生徒を対象にした発達支持的生徒指導及び課題未然防止教育において、管理職のリーダーシップの下、全校体制で取り組むチーム支援のプロセスと留意点（**図7**）を示しました。

①学校状況のアセスメントとチームの編成

学校や学年、学級・ホームルーム、児童生徒

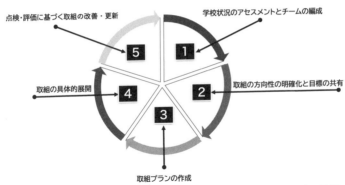

図7　チーム支援のプロセス（発達支持的生徒指導及び課題未然防止教育の場合）

の全体状況の把握（アセスメント）において
は、個別の児童生徒理解と同様に、多角的・多
面的でかつ客観的な資料を得ることが重要で
す。例えば、自校の不登校やいじめ、暴力行為
などの経年変化や生徒指導記録から問題行動の
傾向や特徴を丁寧に読み取ったり、学力テスト
の結果から学習状況の問題点を洗い出したりす
ることなどが考えられます。

　また、教職員が自分の足で地域を見て回り、
登下校の交通事情や町並み・家並みの様子など
から児童生徒の実態や地域の雰囲気を肌で感
じ、客観的なデータと重ね合わせることも大切
です。アセスメントと並行して、校長のリー
ダーシップの下、取組を推進する核となるチー
ムを校務分掌や学年を横断して編成します。
②取組の方向性の明確化と目標の共有
　得られた情報を分析して、学校や児童生徒の
課題及び児童生徒の成長を支える自助資源・支
援資源などを見いだし、具体的な教育活動に結
びつけます。そこで大切なことは、個人でな
く、組織で取り組むという意識です。学校の状
況や児童生徒の現状を的確に把握した上で、明
確な目標を設定し、教職員間で共有することが
不可欠の前提になります。
　そのためには、学校や地域の置かれている状
況や児童生徒の課題と自助資源・支援資源など
を教職員間で共通理解し、全校体制での組織的
取組につなげるための校内研修を実施すること
が求められます。
③取組プランの作成
　取組の計画を作成するに当たっては、学校を

取り巻く環境を内部環境と外部環境に区分し
（内部環境：児童生徒、教職員、校内体制、施
設、校風や伝統など、外部環境：保護者、地域
住民、関係機関、自然・風土、産業など）、そ
れぞれの「強み」と「弱み」を洗い出し、実現
可能な取組の方向性を探ることが重要です。
　その際、課題の原因を児童生徒の特性や家庭
や地域の環境など、学校や教職員以外の原因に
求めるだけでなく、自分たちが自明としている
価値観や認識の枠組みを見直し、校内体制や学
校組織の在り方そのものに対する問い直しを行
うことも必要です。
　その上で、具体的な取組プランを作成しま
す。既存のプログラム等を参考にする場合で
も、各学校の実情に合わせて、内容の吟味や指
導の工夫を行うことが重要です。
④取組の具体的展開
　目標の達成に向けて様々な取組を進める上で
大切なことは、時間的な展望を持つことです。
在学期間を見据えた長期的な取組、学年、学期
というスパンでの中期的な取組、教科のある単
元や一つの学校行事という短期間での取組を、
児童生徒の発達段階や学校・地域の実情に即し
て展開することが重要です。その際、児童生徒
の主体的・能動的な活動を教職員はじめ学校に
関係する人々が支える、という視点を忘れては
ならないでしょう。
⑤点検・評価に基づく取組の改善・更新
　実際の取組においては、計画（Plan）を立
て、実行（Do）するだけでなく、その後の振
り返りとしての点検・評価（Check）と、それ

に基づく改善と更新（Action）が重要です。実行したことを振り返り、その効果を点検・評価（C）し、必要に応じて改善策（A）を考え、さらに新たな計画（P）、実践（D）につなげるという繰り返し（PDCAサイクル）が取組を充実させることになり、生徒指導の効果を上げることにつながります（→1.4.2 生徒指導マネジメント）。全校体制によるチーム支援の取組の改善・更新を積み重ねていくことにより、「チームとしての学校」が発展していきます。

今後、学校状況のアセスメントに基づく組織を活かした取組を、PDCAサイクルを意識しながら推進することが、一層求められます。

3.5　危機管理体制

3.5.1　学校危機とは

学校が安全で安心な環境であることは、児童生徒の学力向上や社会性の発達、健やかな成長や体力の増進につながる前提条件になります。学校安全は、学校安全計画に基づき、安全教育、安全管理、組織活動の側面から、生活安全、交通安全、災害安全の３領域に実践課題を設定し、全ての教職員で取り組むことによって実現される教育活動です。

学校では、けんか、いじめ、窃盗、暴力行為、授業中や課外活動中のけが、実験や実習中の火災といったものから、学校全体に混乱をもたらす食中毒、感染症、放火や殺傷事件、また地域全体の危機である自然災害などが発生することがあります。事件・事故や災害などによって、通常の課題解決方法では解決することが困難で、学校の運営機能に支障をきたす事態を「学校危機」と呼びます。学校には、特別な備えや対応が求められますが、特に、児童生徒等に危害が生じた場合には、当該児童生徒及び関係者の心身の健康を回復するための必要な支援を行うことが不可欠です。

学校危機は、学校で発生した事案だけでなく、児童生徒の個人的な事柄や地域社会における出来事からの影響を受け、緊急対応が必要になる場合もあります。学校レベルの危機は、学校管理下の事案であり、教職員がその対応に当たりますが、個人レベルの危機には、虐待、帰宅後の事件・事故、家族旅行中の事故、家族の死亡、性的被害、自殺、貧困問題など、学校の管理下に含まれないものもあります。しかし、そのようなものであっても、学校は、児童生徒個人や学校での交友関係

に配慮した対応を行うことが必要になります。

また、地域社会レベルの危機では、自然災害のように多くの児童生徒が類似した危機を同時に経験する場合があり、休日や夜間であっても安否確認や居住場所、通学路の安全の確認が必要になります。教職員個人の危機についても、児童生徒への影響が想定される場合には学校としての対応が求められます。

3.5.2　学校危機への介入

事件・事故を防止するためには、学校は、事件・事故につながる危険因子を除去するとともに、災害の影響を最小化するように努めなければなりません。しかし、日頃から万全な取組をしていても事件・事故が発生したり、災害の影響が及んだりする場合があります。そのような状況下では、学校は、迅速に対応し、被害の最小化、早期回復に向けた取組を進めることが求められます。そのためには、学校として、事件・事故や災害への対応を想定した危機管理体制と組織活動、外部の関係機関との連携を、平常時から築いておくことが必要です。

以下、学校危機管理の実際について、事件・事故を回避し、災害の影響を緩和するために学校が取り組む「リスクマネジメント」と、事件・事故、災害発生直後に、被害を最小化し、早期の回復へ向けた取組である「クライシスマネジメント」に分けて説明します。

(1)　リスクマネジメント

リスクマネジメントは、事件・事故の発生を未然に防止し、災害の影響を回避、緩和するための取組です。安全管理では、定期的に学校の施設や設備を点検し、事件や事故につながらないように修理したり使用停止にしたり、ルールやきまりの遵守の徹底などを通して、発生の防止に取り組みます。また、安全教育では、児童生徒が危険に気付いて回避したり、被害に遭わないように自ら判断したりする力を育成するための予防的な指導を行います。その際、安全管理と安全教育は密接に関連させて進めていくことが大切です。

例えば、安全点検の結果を安全教育の具体的な資料として活用したり、望ましくない行動を取り上げ、適切な行動の仕方を考えさせたりすることによって、進んで安全な行動が実践できるような資質・能力を身に付けるように働きかけます。

これらに加え、学校は危機への対応に備える危

機管理体制を整える必要があります。事件・事故、災害が潜在的で突発的な危険因子によって引き起こされ、その発生や影響を回避できなかった場合に、できる限り迅速に対応を開始し、被害を最小化するため、次のような事柄を想定した準備が必要になります。

①危機管理マニュアルの整備

　まず、児童生徒、教職員の安全を確保した上で、学校内では、現況の報告、情報の収集、会議、状況判断と意思決定、情報の伝達と共有、集会、集団管理、心のケアなどを想定しておきます。学校外の対応としては、保護者、教育委員会等、警察と消防、マスコミ、医療機関、保健所、児童相談所、臨床心理士会や公認心理師団体、周辺の学校、校区の自治会、市町村などに対し、連絡、説明、協力や支援の要請などを行うことが想定されます。

　学校危機対応は管理職の主導で進められますが、事前に作成しておいた危機管理マニュアルを基に、管理職の不在時であっても危機の内容と学校の体制に応じ、役割を分担してチームで対応していきます。

②危機対応の実践的研修

　また、積極的な備えのためには、研修が必須です。事件・事故、災害発生時の学校運営を想定した研修では、学校組織の再編成、短縮授業や休校、保護者説明会、行事予定などについて協議し、記録と情報管理、マスコミ対応を含めたシミュレーション訓練を実施し、危機対応マニュアルや教職員間の申し合わせ事項を確認しておきます。

　心のケアの研修では、事件・事故、災害発生後の子供の反応と、それへの対応に関する基礎的な知識について、共通理解を図っておくことも必要です。

③日常の観察や未然防止教育等の実施

　さらに、日常的な教育活動におけるリスクマネジメントの取組も重要です。学級・ホームルーム担任が朝の健康観察により児童生徒の心身の健康課題に気付き迅速に対応したり、教職員間でリスクへの気付きを共有したり、校務分掌間で早期に対応したりすることがリスクマネジメントの実践につながります。

　また、遠足や修学旅行に向けた準備や指導、学級・ホームルーム活動におけるいじめ問題などを扱った話合い、怒りの対処法による怒りや

攻撃性の置換え練習、ソーシャルスキルやコミュニケーションスキルの育成、児童生徒同士のトラブルを自分たちで解決しようとする児童生徒同士による調停法、さらには、ストレスマネジメントやSOSの出し方に関する教育を含む自殺予防教育、人権学習などの実践も、学校危機のリスクを低減する取組になります。

(2)　クライシスマネジメント

安全管理や安全教育による事前の取組を進めていたにもかかわらず、事件・事故が発生したり、災害の影響が及んだりした際には、学校運営と心のケアに関する迅速かつ適切な対応を行うことによって、被害を最小限にとどめる必要があります。

①初期段階の対応と早期の介入

　事件・事故・災害発生直後の初期の対応や早期の介入は、クライシスマネジメントの初期段階に当たるものです。負傷者が出た場合には、応急手当や救命救急処置を即座に行い、救急車の要請を行うなどの対応を、日頃からの訓練を通して、全ての教職員が行えるようにしておくことが求められます。

・事件・事故、災害が発生したときには、まず、児童生徒を安全な場所へ誘導した後に点呼を実施し、場合によっては捜索を進め、被害に遭った児童生徒の氏名や被害の程度について情報収集をします。そして、警察と消防への通報、保護者への連絡、救急車の誘導、教職員間での情報共有と必要な指示を行うことになります。

・管理職は、状況や経過を見極めながら、校内連携型危機対応チームを招集してミーティングを開催し、事実確認、情報共有、役割分担の確認、連絡や報告、今後の活動の進め方、外部の関係機関への支援要請などの判断を迅速に行う必要があります。

・さらに、児童生徒が安全な場所で保護者や家族と再会できるよう手配します。また、被害を受けた児童生徒が、周囲の対応（周囲からの言葉、態度等）やマスコミの報道（事実誤認、プライバシー侵害、取材等）や警察の事情聴取に際して不快感を抱いたり、不利益な扱いを受けることで精神的負担や時間的負担を感じてさらに傷ついたりするといった二次被害を防ぐための配慮を行うことも必要になります。

・児童生徒への対応に加えて、来校する警察や消防、保護者や近隣の住民、報道関係者などの集団管理の対応も進めることが必要です。

②中・長期の支援

・危機対応を開始した後には、危機の解消に向け、当日の対応、翌日以降の対応、1週間後、それ以降の中長期的な対応についての方策を検討していきます。これは、継続的な対応のなかでも、中長期の支援となります。

・日常の学校生活が徐々に回復していくなかで、心のケアの進め方について、SCやSSWと協議し、アセスメントに基づく対応を進める必要があります。学校や学級・ホームルーム全体を対象にする対応、ニーズが類似した少人数のグループを対象にする対応、個人を対象とした個別対応の3段階で対応します。

・回復への支援については、けがなどの場合であっても、身体的な回復だけでなく、学校生活へ復帰して再適応するために、休んでいた間の友人関係など社会的側面、学校に戻ることについての不安や心配といった情緒的側面も含めて回復に向けた包括的な支援を行うことが必要になります。

③再発防止への取組

・最後に、事件・事故、災害の発生直後からの被害の回復と併行して、学校は、再発防止に向けた取組を実施しなければなりません。危機が継続している場合にはその被害を回避し、影響を最小化して安全を確保する取組を進めつつ、同様の被害を繰り返さないための取組を具体的に示し、全ての教職員が実践することが求められます。

・事件・事故、災害の教訓を生かし、安全管理の見直しと徹底、安全教育の強化、危機管理体制の見直しと一層の整備を進めます。これは、次の危機事案に備えて、教訓を生かしたリスクマネジメントへ循環した対応が行われることを意味しています。

なお、防災教育を含む安全教育の更なる充実に当たっては、「文部科学省×学校安全」において示された文部科学省や都道府県等で実施されている取組や、これまでに作成された資料などを参考にすることも重要です。

3.6　生徒指導に関する法制度等の運用体制

3.6.1　校則の運用・見直し

(1)　校則の意義・位置付け

児童生徒が遵守すべき学習上、生活上の規律として定められる校則は、児童生徒が健全な学校生活を送り、よりよく成長・発達していくために設けられるものです。校則は、各学校が教育基本法等に沿って教育目標を実現していく過程において、児童生徒の発達段階や学校、地域の状況、時代の変化等を踏まえて、最終的には校長により制定されるものです。

校則の在り方は、特に法令上は規定されていないものの、これまでの判例では、社会通念上合理的と認められる範囲において、教育目標の実現という観点から校長が定めるものとされています。また、学校教育において社会規範の遵守について適切な指導を行うことは重要であり、学校の教育目標に照らして定められる校則は、教育的意義を有するものと考えられます。

校則の制定に当たっては、少数派の意見も尊重しつつ、児童生徒個人の能力や自主性を伸ばすものとなるように配慮することも必要です（→1.5.1児童生徒の権利の理解）。

(2)　校則の運用

校則に基づく指導を行うに当たっては、校則を守らせることばかりにこだわることなく、何のために設けたきまりであるのか、教職員がその背景や理由についても理解しつつ、児童生徒が自分事としてその意味を理解して自主的に校則を守るように指導していくことが重要です。そのため、校則の内容について、普段から学校内外の関係者が参照できるように学校のホームページ等に公開しておくことや、児童生徒がそれぞれのきまりの意義を理解し、主体的に校則を遵守するようになるために、制定した背景等についても示しておくことが適切であると考えられます。

その上で、校則に違反した場合には、行為を正すための指導にとどまるのではなく、違反に至る背景など児童生徒の個別の事情や状況を把握しながら、内省を促すような指導となるよう留意しなければなりません。

(3)　校則の見直し

校則を制定してから一定の期間が経過し、学校や地域の状況、社会の変化等を踏まえて、その意義を適切に説明できないような校則については、

改めて学校の教育目的に照らして適切な内容か、現状に合う内容に変更する必要がないか、また、本当に必要なものか、絶えず見直しを行うことが求められます。さらに、校則によって、教育的意義に照らしても不要に行動が制限されるなど、マイナスの影響を受けている児童生徒がいないか、いる場合にはどのような点に配慮が必要であるか、検証・見直しを図ることも重要です。

校則は、最終的には校長により適切に判断される事柄ですが、その内容によっては、児童生徒の学校生活に大きな影響を及ぼす場合もあることから、その在り方については、児童生徒や保護者等の学校関係者からの意見を聴取した上で定めていくことが望ましいと考えられます。また、その見直しに当たっては、児童会・生徒会や保護者会といった場において、校則について確認したり議論したりする機会を設けるなど、絶えず積極的に見直しを行っていくことが求められます。そのためには、校則を策定したり、見直したりする場合にどのような手続きを踏むことになるのか、その過程についても示しておくことが望まれます。

なお、校則の見直しに関して、例えば、以下のような取組により、校則に向き合う機会を設けている学校や教育委員会もあります。
①学校における取組例
・各学級で校則や学校生活上の規則で変更してほしいこと、見直してほしいことを議論。
・生徒会やPTA会議、学校評議員会において、現行の校則について、時代の要請や社会常識の変化等を踏まえ、見直しが必要な事項について意見を聴取。
・児童生徒や保護者との共通理解を図るため、校則をホームページに掲載するとともに、入学予定者等を対象とした説明会において、校則の内容について説明。
②教育委員会における取組例
・校則の内容、見直し状況について実態調査を実施。
・学校等の実態に即した運用や指導ができているか等の観点から、必要に応じて校則を見直すよう依頼。
・校則を学校のホームページへ掲載するとともに、校則について生徒が考える機会を設けられるよう改定手続きを明文化するなど、児童生徒・保護者に周知するよう依頼。

⑷　児童生徒の参画

校則の見直しの過程に児童生徒自身が参画することは、校則の意義を理解し、自ら校則を守ろうとする意識の醸成につながります。また、校則を見直す際に児童生徒が主体的に参加し意見表明することは、学校のルールを無批判に受け入れるのではなく、自身がその根拠や影響を考え、身近な課題を自ら解決するといった教育的意義を有するものとなります。

3.6.2　懲戒と体罰、不適切な指導

学校における懲戒とは、児童生徒の教育上必要があると認められるときに、児童生徒を叱責したり、処罰したりすることです。懲戒は、学校における教育目的を達成するために、教育的配慮の下に行われなければなりません。その際には、組織的に指導の方向性や役割分担を検討した上で、児童生徒の特性や心情に寄り添いながら本人や関係者の言い分をしっかりと聴くとともに、それ以外にも必要な情報を収集するなどして、事実関係の確認を含めた適正な手続きを経るようにする必要があります。指導後においても、児童生徒を一人にせず、心身の状況の変化に注意を払うことに留意するとともに、保護者等の理解と協力を得られるようにしていくことが重要です。

懲戒には、児童生徒への叱責、起立、居残り、宿題や清掃当番の割当て、訓告など、児童生徒の教育を受ける地位や権利に変動をもたらす法的効果を伴わない、事実行為としての懲戒と呼ばれるものがあります。また、退学や停学といった法的効果を伴う懲戒もあります。退学は、児童生徒の教育を受ける権利を奪うものであり、停学はその権利を一定期間停止するものです。

懲戒は、学校教育法第11条に規定されていますが、その手続きについて法令上の規定はありません。しかし、懲戒を争う訴訟や損害賠償請求訴訟が提起される場合もあり、学校は懲戒に関する基準をあらかじめ明確化し、児童生徒や保護者に周知し、理解と協力を得るように努めることが求められます。

学校における児童生徒への体罰は、文部科学省の調査によれば、年々減少傾向にありますが、いまもなお発生しています。体罰は、学校教育法第11条で明確に禁止されており、懲戒と体罰に関する解釈・運用については、「体罰の禁止及び児童生徒理解に基づく指導の徹底について」（平成

25年3月13日初等中等教育局長、スポーツ・青少年局長通知）において、以下のとおり示されています。

(1) 体罰等の禁止及び懲戒について

体罰による指導では、児童生徒に正常な倫理観を養うことはできず、むしろ力による解決への志向を助長することになりかねません。体罰によることなく、児童生徒の規範意識や社会性の育成を図るよう、適切に懲戒を行い、粘り強く指導することが重要です。

(2) 懲戒と体罰の区別について

懲戒行為が体罰に当たるかどうかは、当該児童生徒の年齢、健康、心身の発達状況、当該行為が行われた場所的・時間的環境、懲戒の態様等の諸条件を総合的かつ客観的に考え、個々の事案ごとに判断する必要があります。これらのことを勘案して、懲戒の内容が、身体に対する侵害や肉体的苦痛を与えると判断される場合には、体罰になります。

(3) 正当防衛及び正当行為について

教職員が児童生徒による暴力行為の防衛のためにやむを得ず行った行為は、児童生徒の身体への侵害や肉体的苦痛を与えた場合であっても体罰には該当しません。

(4) 体罰の防止と組織的な指導体制について

教育委員会等、学校、校長、教職員はそれぞれの立場で、体罰の未然防止や組織的な対応を徹底する必要があります。また、体罰を行った場合や他の教職員の体罰を目撃した場合には、速やかに関係者に事実関係を確認し、管理職や教育委員会等に報告します。

(5) 部活動における不適切な指導について

部活動は学校教育の一環であり、特定の生徒等に対して執拗かつ過度に肉体的・精神的負荷を与えることは教育的指導とは言えないことに留意し、教育活動として適切に実施されなければなりません。

さらに、本通知においては、上記で示した児童生徒の懲戒・体罰等に関する参考事例がまとめられています。ただし、体罰かどうかの判断は、最終的には、(2)で示した諸条件や部活動に関するガイドラインを踏まえ、個々の事案ごとに判断する必要があります。

〔不適切な指導と考えられ得る例〕
・大声で怒鳴る、ものを叩く・投げる等の威圧

的、感情的な言動で指導する。
・児童生徒の言い分を聞かず、事実確認が不十分なまま思い込みで指導する。
・組織的な対応を全く考慮せず、独断で指導する。
・殊更に児童生徒の面前で叱責するなど、児童生徒の尊厳やプライバシーを損なうような指導を行う。
・児童生徒が著しく不安感や圧迫感を感じる場所で指導する。
・他の児童生徒に連帯責任を負わせることで、本人に必要以上の負担感や罪悪感を与える指導を行う。
・指導後に教室に一人にする、一人で帰らせる、保護者に連絡しないなど、適切なフォローを行わない。

また、たとえ身体的な侵害や、肉体的苦痛を与える行為でなくても、いたずらに注意や過度な叱責を繰り返すことは、児童生徒のストレスや不安感を高め、自信や意欲を喪失させるなど、児童生徒を精神的に追い詰めることにつながりかねません。教職員にとっては日常的な声掛けや指導であっても、児童生徒や個々の状況によって受け止めが異なることから、特定の児童生徒のみならず、全体への過度な叱責等に対しても、児童生徒が圧力と感じる場合もあることを考慮しなければなりません。そのため、指導を行った後には、児童生徒を一人にせず、心身の状況を観察するなど、指導後のフォローを行うことが大切です。加えて、教職員による不適切な指導等が不登校や自殺のきっかけになる場合もあることから、体罰や不適切な言動等が、部活動を含めた学校生活全体において、いかなる児童生徒に対しても決して許されないことに留意する必要があります。

なお、「教育職員等による児童生徒性暴力等の防止等に関する法律」第3条において、児童生徒性暴力が明記されており、児童生徒性暴力等の禁止により免許状が失効等となった場合は、免許状の再授与に厳しい制限が課されることとなります。

3.6.3　出席停止制度の趣旨と運用

(1) 出席停止の要件

学校教育法第35条第1項では、出席停止の適用に当たって、性行不良であること、他の児童生

徒の教育に妨げがあると認められること、という二つの基本的な要件を示しています。

また、性行不良について、「他の児童に障害、心身の苦痛又は財産上の損失を与える行為」「職員に傷害又は心身の苦痛を与える行為」「施設又は設備を損壊する行為」「授業その他の教育活動の実施を妨げる行為」の四つの行為を類型として例示し、その「一又は二以上を繰り返し行う」ことを出席停止の適用の要件として規定しています。

学校は、出席停止の適用について検討する中で、出席停止制度の趣旨と意義を踏まえ、要件に該当すると判断した場合には、出席停止を命じる権限と責任を有する市町村教育委員会に報告することになります。

(2)　**出席停止の事前手続と適用**

学校教育法第35条第2項では、出席停止を命じる場合、市町村教育委員会は、「あらかじめ保護者の意見を聴取するとともに、理由及び期間を記載した文書を交付しなければならない」と規定しています。意見の聴取を通じて保護者の言い分も聞き、そのために出席停止の理由も文書に付記しておかなければならないということです。

学校は、問題行動を起こす児童生徒の状況を市町村教育委員会に報告し、必要な指示や指導を受けるとともに、保護者の理解と協力が得られるよう努めるなど、市町村教育委員会と十分に連携できる体制を整える必要があります。場合によっては、警察や児童相談所等の関係機関との連携を図ることも考えられます。

(3)　**出席停止の措置の適用**

市町村教育委員会は、教育委員会規則の規定に則り、事前手続を進め出席停止の適用を決定した場合、出席停止を命じる児童生徒の保護者に対して、理由及び期間を記した文書を交付します。学校は、教育委員会の指示や指導により、校長等がその場に立ち会うなどの対応を行うことが想定されます。

(4)　**出席停止の期間中及び事後の対応**

学校教育法第35条第4項では、市町村教育委員会は、「出席停止の期間における学習に対する支援その他の教育上必要な措置を講ずる」と規定しています。学校は、教育委員会の指示や指導を受けながら、当該児童生徒に対する指導体制を整備し、学習の支援など教育上必要な措置を講じるとともに、学校や学級へ円滑に復帰することができるよう指導や援助に努めることが必要です。

また、他の児童生徒への適切な指導や被害者である児童生徒への心のケアにも配慮することが大切です。出席停止の期間終了後においても、保護者や関係機関との連携を強めながら、当該児童生徒に対する指導・援助を継続することが求められます。

3.7　学校・家庭・関係機関等との連携・協働

3.7.1　連携・協働の場としての学校の意義と役割

学校は、公立・私立を問わず、家庭や地域の人々、公立学校であれば学校の設置管理者である教育委員会、さらには、警察や司法、福祉、医療・保健等の様々な関係機関と連携しています。児童生徒に関わる関係機関は多岐にわたり、その目的や専門性などに応じて児童生徒を支援しています。教育機関である学校は、義務教育段階であれば、特定の一部の児童生徒を対象とするのではなく、全ての学齢児童生徒を対象とする広範な仕組みであり、制度であると言えます。

全ての学齢児童生徒を対象とするからこそ、学校は、様々な不公平や格差の是正・解消のための重要な意義と役割を有しており、児童生徒の健全育成、最善の利益の保障や達成に係る重要なインフラであり、セーフティネットであると捉えることができます。

現在、「社会に開かれた教育課程」を通じてよりよい社会をつくるという目標を学校と社会とが共有した上で、それぞれの学校において必要な教育内容を明確にしながら、社会との連携・協働によってそのような学校教育の実現を図っていくことや、複雑化・重層化した児童生徒のニーズに応えること、学校の働き方改革を実現し教員の専門性を十全に生かすことが、学校には求められています。

そのためには、学校を多職種・多機関との連携・協働の場とすること、さらには、多職種・多機関という専門職による支援の枠組みにとらわれず、地域にある社会資源を学校に迎え入れ、社会全体で児童生徒の学びと育ちを支えることを目指す学校改革が求められています。それは、発達支持的、課題予防的（未然防止教育・早期発見対応）、及び困難課題対応的といった生徒指導の3類4層全てにわたるものであり、学校を多様な「思いやりのある大人」たちの連携・協働の場としていくことを意味しています。

しかし、学校を基盤とした家庭や地域、関係機

関等との連携の在り方は、決して全国一律ではありません。学校種や地域によっても多様な連携の形が考えられるとともに、地域にどのような社会資源が存在するかにも左右されます。そのため、各学校は、地域の実情をよく把握した上で、家庭や地域、関係機関等と円滑な連携・協働を図るために、生徒指導基本方針や生徒指導マニュアル等において、地域に存在する関係機関等の役割や権限、連携方法などについて明記し、教職員間で共通理解しておくことが大切です。

3.7.2　学校と家庭、地域との連携・協働

(1)　学校と家庭

　教育基本法第10条において、「家庭教育」についての規定が示されています。そこでは「父母その他の保護者は、子の教育について第一義的責任を有するものであって、生活のために必要な習慣を身に付けさせるとともに、自立心を育成し、心身の調和のとれた発達を図るよう努めるものとする。」と記されています。保護者は子供の教育の第一義的な責任者であり、家庭教育が子供に与える影響には大きなものがあります。

　したがって、学校教育を円滑に進めるために、学校は家庭とのパートナーシップを築くことが不可欠です。保護者が学校の教育活動に積極的に参加することによって、生徒指導は効果的なものになるといっても過言ではありません。保護者との関係づくりを進めるための代表的な手段としては、学級・学年・学校だより等の通信、保護者会、PTA、三者面談、学校行事などが挙げられます。また、あらかじめ学校で保護者へ速やかに電話連絡する事項を明確化し（例えば、児童生徒が転んでけがをした、児童生徒同士のけんかがあったなど）、そのようなことが起きた場合には、躊躇せず、すぐに連絡することが保護者との信頼関係の構築に寄与することになります。さらに、学校の生徒指導基本方針等について、保護者と学校との間で共通理解を持つために、学校の教育目標や校則、望まれる態度や行動、諸課題への対応方針等について、保護者に周知し、合意形成を図ることが求められます。

　しかし一方で、我が国において、ひとり親家庭は増加傾向にあり、諸外国と比してそれらの家庭の相対的貧困率が高いとされていることから、保護者も支援を必要としている場合が少なくありません。そのような場合は、SSWと連携するなどして、学校と関係機関等で情報共有し、児童生徒と保護者の双方への支援を検討し、実施していくことになります。

(2)　学校と地域

　学校と地域との連携・協働については、学校教育の一層の充実に向けて取組が進められてきました。現在では、その一つの動向として、コミュニティ・スクール（学校運営協議会制度）と地域学校協働活動の一体的な取組による「学校を核とした地域づくり」が目指されています。そのために、教育委員会には、主体的・計画的にコミュニティ・スクールの導入に向けた取組を行うとともに、地域全体で子供の学びや成長を支え、学校と地域とのパートナーシップの下で様々に展開される地域学校協働活動の機会を提供することが求められます。

　地域学校協働活動を推進する体制が、地域学校協働本部であり、学校と地域に存在する社会資源をそれぞれ緩やかに結び付け、総合化・ネットワーク化していく取組が進められています。地域学校協働活動の代表的な取組には、学びによるまちづくり・地域課題解決型学習・郷土学習、放課後子供教室、地域未来塾、家庭教育支援活動、登下校の見守り、授業の補助や部活動の支援、社会教育施設や企業等による体験活動等の出前授業などがあり、地域の特色に応じて展開されています。

　地域学校協働活動の取組は、生徒指導（特に発達支持的生徒指導）やキャリア教育の範疇に入るものなど、多岐にわたっています。地域学校協働活動は、学校の学びを、地域での体験活動や実践活動を通して、現実社会と接続させ、社会に開かれた教育課程を実現していく上で、重要な連携・協働の在り方と言えるでしょう。

3.7.3　学校と関係機関との連携・協働

(1)　学校と教育委員会

①生徒指導担当の指導主事の役割

　公立学校の場合、学校と関係機関との連携・協働に関して、公立学校の設置管理者である教育委員会の存在や果たす役割は大きなものと言えます。地方公共団体における教育行政を担う機関として、都道府県教育委員会と市町村教育委員会が設置されています。

　教育委員会の職務権限の一つに、学校の設置・管理があり、学校の経費を負担することとされていますが、この規定は、「設置者管理主

義」、「設置者負担主義」と解されています。つまり、市町村立の学校は市町村教育委員会が、都道府県立の学校は都道府県教育委員会が設置・管理しています。

学校は、生徒指導に関することで教育委員会と連携・協働する場合、地域により名称は様々ですが、主に、教育委員会の「義務教育課」や「学校指導課」等の生徒指導担当の指導主事と連絡を取ることになります。指導主事とは、都道府県や市町村の教育委員会に置かれる専門的職員のことで、所管する学校の生徒指導に関することだけでなく、学校の教育課程、学習指導等、広く学校教育に関する専門的事項の指導に関する事務に従事することとされています。校長は自らのリーダーシップの下で、生徒指導上の諸課題が発生した場合等に、教育委員会の生徒指導担当の指導主事と連絡を取り合い、それらの問題・諸課題の解決に当たることになります。

この他にも、一部の教育委員会の生徒指導担当課などでは、特別に学校への支援体制を整備して、暴力行為や学級の荒れ等の事案に対処している場合もあります。例えば、生徒指導担当の指導主事のコーディネートにより、SC、SSW、専ら教育行政に関与する弁護士、警察OBのスクールサポーター等を学校からの求めに応じてチームで派遣し、支援を展開している場合も見られます。

②教育支援センター（適応指導教室）

不登校の児童生徒への支援において、学校は、「教育支援センター（適応指導教室）」（以下「教育支援センター」という。）と連携を図る場合があります。教育支援センターとは、教育委員会や首長部局に設置された、主に不登校児童生徒への支援を行うための機関です。市町村教育委員会による設置が主であり、教育委員会内や学校外の場所に設置されている場合のほか、一部の地域では学校内に設置している場合もあります。「学校に登校する」という結果のみを目標とはしないものの、社会的自立に向けて、学校生活への復帰も視野に入れた支援を行うため、児童生徒の在籍校と連携しつつ、個別カウンセリングや少人数グループでの活動、教科指導等を組織的、計画的に行っています。

今後、教育支援センターは、通所を希望する児童生徒に対する支援だけでなく、これまでに蓄積された理論や知見、実践方法等を生かし、通所を希望しない児童生徒への訪問型支援や「児童生徒理解・支援シート」に基づくコンサルテーション担当等、不登校児童生徒への支援の中核となることが期待されています。また、不登校児童生徒への無償の学習機会の確保、未設置地域への設置の促進、又はそれに代わる体制整備が望まれています。

③教育行政に係る法務相談体制の構築

現在、各都道府県や政令指定都市などに、専ら教育行政に関与する弁護士の配置が進められています。いじめや虐待の事案のほか、保護者や地域住民の学校や教育委員会への過剰な要求や学校事故への対応など、法務の専門家への相談が必要な機会が生じることがあり、弁護士への期待が寄せられています。弁護士の業務には、事案発生後の対応のみならず、以下のことが考えられます。

・助言、アドバイザー業務（いじめ、保護者との関係、学校事故など）
・代理、保護者との面談への同席など
・研修業務（法教育、いじめ防止、個人情報を含むコンプライアンスなど）
・出張授業（法教育、いじめ防止、消費者教育など）

学校や教育委員会においては、特に事案の初期対応の段階のみならず、予防的にも関わることのできる体制を整えておくことで、速やかな課題解決、教職員の負担軽減につながるケースが少なくないことに留意すべきです。なお、教育行政に係る法務相談体制の構築に当たっては、教育機関である学校の特徴や学校・地域の実情とともに、教育の持つ特性、特に成長過程にある子供への対応の在り方等について弁護士との間で適切な共通理解を図っておく必要があります。

法務相談体制における学校・教育委員会・弁護士（会）の関係については、各自治体及び弁護士（会）の状況に合わせて以下のように様々な体制が取られています。地域の実情に応じて、学校が弁護士に直接相談できるのか、又は教育委員会に連絡するのか、相談の手順について各学校が理解しておくことも必要です。

・学校の管理職又は教職員が直接弁護士に相談できる体制
・学校の管理職又は教職員が教育委員会に相談

した上で、教育委員会から弁護士に対して相談をする体制
・教育委員会から弁護士会に対して相談し、弁護士会が案件ごとに弁護士を紹介する体制

(2) 学校と警察・司法

①警察

　警察との連携で具体的に想定される連携先は、少年サポートセンターや警察署（「生活安全」に関わる生活安全課、少年相談係など）、スクールサポーター（警察官OBなど）が挙げられます。児童生徒を加害に向かわせず、被害に遭うことから防ぐ上で、警察は学校の重要なパートナーと言えます。

　学校と警察等との連携は、学校の内外で発生した非行などの刑罰法令に抵触する行為に対処する困難課題対応的生徒指導上の連携にとどまりません。例えば、近隣の警察署や少年サポートセンターの心理専門職、少年補導職員などと連携した全ての児童生徒を対象とする非行防止教室、警察が実施する街頭補導に教職員も一緒に参加し、飲酒や喫煙、深夜はいかいといった本格的な非行に至る前の予兆行動とも言える不良行為に対する課題予防的生徒指導上の連携も挙げられます。

　さらに、課題予防的及び困難課題対応的生徒指導上の両方に該当する連携の取組として、それぞれの地域で開催されている「学校警察連絡協議会」や「補導連絡会」の取組（学校の管理職や生徒指導主事、警察署の担当者、その他の関係者らが参加し情報共有）、「学校警察連絡制度」といった警察と教育委員会等との間での協定に基づく被害や加害に関する情報提供の取組もあります。その他にも、困難課題対応的生徒指導上の連携としては、学校の荒れなどに対して、警察署に配置されているスクールサポーター等を学校に派遣し、問題行動へ対応する場合もあります。

②法務少年支援センター

　困難な課題への対応という点では、法務省が県庁所在地などの全国52か所に設置している法務少年支援センターの協力を求めることも考えられます。法務少年支援センターは、少年矯正施設である少年鑑別所のリソースを活用して、学校関係者をはじめ、関係機関や一般の人々からの依頼に応じて、児童生徒の心理や性格面のアセスメント等を行っています。その支

援の範囲は広く、非行や犯罪行為のみならず、保護者との関係、学校・職場などでのトラブル、交友関係などについても支援をしており、心理検査、問題行動の分析や指導方法等の提案、子供や保護者に対する心理相談、問題行動の背景にある考え方や行動の癖、偏りなどに目を向けたり、より良い対処方法を学んだりすることを促す教育、法教育に関する出張授業なども行っています。

　法務少年支援センターは、要保護児童対策地域協議会などの地域の関係機関等とのネットワークに参画していますので、学校内でのいじめや問題行動など生徒指導上の課題への対応に当たり、多機関連携の下で助言を得たり、役割分担をして支援を行ったりすることができます。

③保護司・更生保護サポートセンター

　非行のある少年への対応に当たっては、保護司との連携も考えられます。保護司は、地域のボランティア（身分は非常勤の国家公務員）として、専門的知見を有する法務省の機関である保護観察所の保護観察官と協働しながら、非行や犯罪をした人の生活状況の見守り等の保護観察や、刑務所・少年院に入っている人の帰住先など出所・出院後の生活環境の調整といった立ち直りに向けた支援をしているほか、「社会を明るくする運動」等の犯罪予防活動を行っています。

　また、これらの保護司の活動の拠点として、全国に「更生保護サポートセンター」が設置されています。「更生保護サポートセンター」には、保護司が駐在しており、関係機関と連携して、非行歴のある少年等の立ち直り支援や、非行防止のための活動を行っています。また、更生保護に関わるボランティアとしては、保護司のほかBBS会等があります。

④その他の関係機関

　少年法により、警察が罪を犯した少年（犯罪少年）を検挙したり、14歳未満の刑罰法令に触れる行為をした触法少年や、ぐ犯事由があり将来罪を犯す虞のあるぐ犯少年を発見（少年法第3条第1項）したりした場合、全件送致主義の原則の下で、司法機関である家庭裁判所に送致されることになります。なお、18歳と19歳は、「特定少年」として、少年法が適用されます。また、触法少年と14歳未満のぐ犯少年に

ついては、まずは「児童福祉法」上の措置が優先され、児童相談所に送致された後に家庭裁判所に送致されることとなります。そして、非行事実と要保護性の両面から調査（家庭裁判所調査官による社会調査や法務省所管の少年鑑別所の法務技官（心理）による鑑別など）が行われ、家庭裁判所によって少年審判を開始するかどうかの判断が下されます。

少年審判が開始された場合、裁判官によって、少年に対し、不処分、保護処分、知事又は児童相談所長送致、検察官送致のいずれかの終局決定がなされます。このうち、保護処分には、保護観察や少年院送致、児童自立支援施設・児童養護施設送致があります。学校に在籍する児童生徒が保護処分を受け、少年院送致や児童自立支援施設送致等により施設収容となった場合には、学校教育からの離脱をできる限り防止するために、関係する機関間で連携し、当該児童生徒の学びをどのように継続させ、保障することができるかを検討していくことが重要です。例えば、少年院においては、義務教育未修了者に対しては、学習指導要領に準拠した教科指導を行っており、一定の要件の下で、引き続き入院前に通学していた学校に在籍することができるほか、少年院で矯正教育を受けた日数を指導要録上の出席扱いとすることもできます。当該児童生徒が、出院後に復学したり、進学を希望したりする場合もあるので、学校として、少年院における学習状況等を把握することも大切です。

(3) 学校と福祉

経済的な困窮や虐待をはじめとした福祉的な支援を必要とする児童生徒への対応では、児童相談所や市町村との連携が求められます。特に、虐待事案の場合、学校は、児童相談所や市町村の虐待対応担当課などに、虐待を受けたと思われる児童生徒について、速やかに、通告（「児童虐待の防止等に関する法律」第6条）や情報提供を行う義務があります。

児童相談所は、都道府県や政令指定都市では設置必須であり、中核市・児童相談所設置市（特別区を含む。）では任意で設置が可能とされています。児童相談所の役割として、児童福祉に関する市町村相互間の連絡調整や市町村に対する情報の提供、専門的な知識や技術を必要とされる相談に応じること、子供とその家庭に対する必要な調査をはじめ、医学的、心理学的、教育学的、社会学的及び精神保健上の判定の実施、その調査や判定に基づいた専門的な知識や技術を必要とする指導、一時保護等の業務が挙げられます。

市町村の虐待対応担当課は、児童虐待通告や保護者の育児不安に対する相談、「要保護児童対策地域協議会」の調整機関としての役割を担っています。

「要保護児童対策地域協議会」は、ほとんど全ての市町村に設置されており、福祉的な支援が必要な子供を対象に、それぞれの関係機関間で子供とその保護者に関する情報交換や支援内容の協議を行う場として位置付けられています。この「要保護児童対策地域協議会」は、個人情報の共有が可能な法的枠組となっています。

「要保護児童対策地域協議会」が開かれるのは、虐待事案だけではありません。保護者がいない、又は、保護者に監護させることが不適当であると認められる児童といった、より広範な「要保護児童」（児童福祉法第6条の3第8項）を対象としています。その構成機関は、福祉部局と学校にとどまらず、警察や保健・医療機関等も含む、地域の多様な関係機関から成り、主に、「個別ケース会議」、「実務者会議」及び「代表者会議」の3層構造となっています。つまり、「要保護児童対策地域協議会」とは、それぞれの関係機関で要保護児童とその保護者に関する情報交換や支援内容の協議を行う会議体であり、保護が必要な子供の早期発見や適切な支援を図るために、関係機関が情報や支援の方向性等を共有し、適切な役割分担で対応していくための仕組みと言えます。

なお、昨今、社会の注目を集めた虐待による子供の死亡事案の背景に、学校と児童福祉機関との連携不足による問題があったことを踏まえて、連携体制が整備されることになりました。虐待の情報管理や学校・教育委員会と児童相談所、警察等との連携に関して、新たに以下のルールが定められました。

①学校等及びその設置者においては、保護者から情報元に関する開示の求めがあった場合には、情報元を保護者に伝えないこととするとともに、児童相談所等と連携しながら対応すること。

②保護者から、学校等及びその設置者に対して威圧的な要求や暴力の行使等が予測される場合には、速やかに市町村・児童相談所・警察等の関係機関や弁護士等の専門家と情報共有すること

とし、関係機関が連携し対応すること。

③要保護児童対策地域協議会において、児童虐待ケースとして進行管理台帳に登録されている児童生徒や、児童相談所が情報提供を必要と認める児童生徒について、休業日を除き、引き続き7日以上欠席した場合には、理由の如何にかかわらず速やかに市町村又は児童相談所に情報提供すること。

児童相談所や市町村は、児童虐待防止に関する資料と定期的な情報の提供を学校等に対して求めることができることとなりました。定期的な情報提供の頻度は、概ね1か月に1回を標準とし、情報提供される内容としては、対象期間中の出欠の状況、学校等を欠席した場合の家庭からの連絡の有無、欠席の理由などが挙げられます。この指針の仕組みが円滑に活用されるために、児童相談所や市町村と学校等との間で協定を締結するなどして、関係機関間で合意を図ることが望まれています。なお、学校等から児童相談所や市町村に対して、定期的な情報提供を行うことは、「個人情報の保護に関する法律」に違反することにはなりません。

(4)　学校と医療・保健

障害などの特別な支援を要する児童生徒への気付きや特性の理解、合理的配慮、状態像を踏まえた適切な指導や支援を計画・実施していく上で、学校と医療・保健機関との連携は不可欠です。

医療機関との連携については、当該児童生徒の発達の遅れや偏りに対する診断や診療が挙げられます。児童生徒に対する診断や診療の情報については、関係する校務分掌上の部会や委員会で共有し、生徒指導に生かすことが大切です。まずは、発達の偏りや特別な支援が必要と思われる児童生徒について、医療機関未受診の場合は、管理職や養護教諭、特別支援教育コーディネーター、SCなどが中心となって、組織的に情報共有し、支援の方針を協議しつつ、保護者との関係を構築して、医療機関の受診を勧めることになります。既に、医療機関を受診し診断を受けている場合などは、保護者の同意の下で、医療機関（主治医な

ど）と情報共有し、それぞれの児童生徒の特性に応じた指導・援助について検討します。

文部科学省、国立特別支援教育総合研究所（発達障害教育推進センター）、厚生労働省及び国立障害者リハビリテーションセンター（発達障害情報・支援センター）は、共同運営による発達障害に特化した「発達障害ナビポータル」というウェブサイトを開設し、発達障害を有する者とその家族を支えるため、また、関係機関同士の連携強化のための情報発信を行っています。同ウェブサイトは、学校と医療・保健機関との連携について考える上で参考になります。また、地域の医療機関や保健所・保健センターといった保健機関と連携し、医師や保健師などの医療や保健の専門家を外部講師として活用して、「がん教育」や「性に関する指導」等の充実を図ることも大切です。

(5)　学校とNPO法人

NPO法人は、特定非営利活動促進法に基づき特定非営利活動を行うことを主たる目的に設立された法人のことで、地域に根差した様々な支援を提供しています。NPO法人は、その設置目的によって提供する支援が多岐にわたるため、一律に述べることはできませんが、国や地方自治体の委託を受けて、そのNPO法人の設置目的に応じた公的な支援の提供を代替しており、地域によっては学校と密接に連携しています。

例えば、「子ども・若者育成支援推進法」によって設置が地方自治体の努力義務とされている「子ども・若者支援地域協議会」のコーディネーターを請け負っているケースや、いわゆるニート等の職業的自立支援を行う「地域若者サポートステーション事業」の委託を受けているケース、不登校の児童生徒や引きこもりの青少年への体験活動や家庭訪問といったアウトリーチ型支援を提供しているケース、フリースクールを運営しているケースなど、様々な形態があります。学校は、地域にあるNPO法人を把握し、お互いに良好な関係を築くことで、児童生徒への支援の幅を広げ、地方自治体だけでは十分に提供できない分野の支援を補うことができるようになります。

■執筆者一覧

【編著者】

八並光俊 　東京理科大学教授

石隈利紀 　東京成徳大学教授・筑波大学名誉教授

【執筆者】（執筆順）

八並光俊 　前掲

水野治久 　大阪教育大学教授

宮古紀宏 　国立教育政策研究所生徒指導・進路指導研究センター総括研究官

岡田 　弘 　東京聖栄大学教授

七條正典 　香川大学名誉教授

中村 　豊 　東京理科大学教授

山口豊一 　聖徳大学教授

家近早苗 　大阪教育大学教授

瀧野揚三 　大阪教育大学教授

柾木 　渉 　文部科学省大臣官房総務課専門官

新井 　肇 　関西外国語大学教授

押切久遠 　法務省大臣官房サイバーセキュリティ・情報化審議官

鈴木庸裕 　日本福祉大学教授

三村隆男 　早稲田大学教授

田村節子 　東京成徳大学教授

新井 　雅 　跡見学園女子大学准教授

相樂直子 　宮城大学准教授

石隈利紀 　前掲

（肩書は執筆時）

■編著者紹介

八並光俊〈やつなみ・みつとし〉専門は，生徒指導・スクールカウンセリング。アメリカインディアナ大学および東京大学客員研究員、日本生徒指導学会会長、文部科学省「生徒指導提要改訂に関する協力者会議」座長、中央教育審議会初等中等教育分科会委員、2009年度アメリカ国務省より次世代の日本のリーダーに選出。

石隈利紀〈いしくま・としのり〉専門は学校心理学。アラバマ大学大学院でPh.D.。日本学校心理学会理事長、文部科学省「生徒指導提要改訂に関する協力者会議」委員、「通級による指導のガイド作成に関する検討会議」委員。公認心理師カリキュラム等検討委員会委員。2012年にNASP（アメリカ学校心理士協会）より「President's Award」を受賞。

Q＆A 新生徒指導提要で読み解く
これからの児童生徒の発達支持

令和 5 年 5 月25日　第 1 刷発行
令和 5 年12月27日　第 2 刷発行

編　著　　八並　光俊
　　　　　石隈　利紀

発　行　　株式会社ぎょうせい

〒136-8575　東京都江東区新木場1-18-11
URL：https://gyosei.jp

フリーコール　0120-953-431

ぎょうせい　お問い合わせ　検索　https://gyosei.jp/inquiry/

（検印省略）

印刷　ぎょうせいデジタル株式会社　　　Ⓒ2023 Printed in Japan
＊乱丁・落丁本はお取り替えいたします。

ISBN 978-4-324-11272-4
（5108869-00-000）

［略号：新生徒指導提要］